#ленивая мама

АННА БЫКОВА
АВТОР ПОПУЛЯРНОГО ИНТЕРНЕТ-БЛОГА

СЕКРЕТЫ СПОКОЙСТВИЯ «ЛЕНИВОЙ МАМЫ»

БОМБОРА™

Москва 2019

УДК 159.922.7
ББК 88.8
 Б95

Иллюстрация на переплете — *Alexandra Dikaia*

Во внутреннем оформлении
использованы иллюстрации @katyazzzmama

«Ленивая мама»® является зарегистрированным товарным знаком.
Все права на его использование принадлежат ООО «Издательство «Эксмо».

Быкова, Анна.
Б95 Секреты спокойствия «ленивой мамы» / Анна Быкова. — Москва : Эксмо, 2019. — 288 с. : ил. — (Ленивая мама).

ISBN 978-5-699-99174-7

Если мама в ярости трясет ребенка — она разрушает его. Если мама сохраняет маску спокойствия в момент, когда внутри кипит ярость, — она разрушает себя. Как с этим справиться и как этого избежать? Анна Быкова — педагог, психолог и автор книг-бестселлеров серии «Ленивая мама» — объясняет, как важно маме уметь возвращать себя в состояние душевного спокойствия. Только из точки покоя адекватно разрешаются детские конфликты, находятся слова для убеждений, утешений, уговоров. Только спокойная мама может быть тем человеком, которому доверяющий ребенок будет нести все свои проблемы и щедро выплескивать свое эмоциональное напряжение.

УДК 159.922.7
ББК 88.8

ISBN 978-5-699-99174-7

© Быкова А., текст, 2017
© Alexandra Dikaia, иллюстрация, 2017
© katyazzzmama, иллюстрации, 2017
© Оформление. ООО «Издательство «Эксмо», 2019

ИЗ ЭТОЙ КНИГИ ВЫ УЗНАЕТЕ:

- ✔ Как понять причину своего раздражения
- ✔ Как не допустить детскую истерику
- ✔ Когда и как можно сравнивать ребенка
- ✔ Почему не всегда важен идеальный порядок
- ✔ Как предотвратить ссоры между детьми в семье
- ✔ Как правильно сказать «нет»
- ✔ Как маме сохранить свой жизненный баланс

ОГЛАВЛЕНИЕ

ВВЕДЕНИЕ ... 9

Часть 1
МАМА И ЕЕ ВНУТРЕННИЙ МИР
В ГАРМОНИИ С СОБОЙ

Понять причину раздражения ... 17
«Плохие» и «хорошие» эмоции ... 23
Алгоритм управления эмоцией ... 25
Как ожидания влияют на эмоции ... 28
Как работать с убеждениями ... 36
Идеальный порядок ... 43
Идеальная мама ... 46
«Все проблемы из детства» ... 51
Детские ссоры ... 57
Это все про маму ... 66

Часть 2
МАМА И ДЕТИ
В ГАРМОНИИ С ДЕТЬМИ

Почему самые сильные эмоции достаются маме ... 79
Эмоциональное заражение ... 83
Как не допустить истерику ... 89
Как помыть ребенку голову без слез ... 105
Если истерика началась ... 109
Слезы поражения ... 117
Когда и как можно сравнивать ... 120

Детские страхи 128
Чего не нужно делать, когда ребенку страшно 133
С ребенком в больнице 138
Ребенок в стрессовой ситуации 146
Как поддержать ребенка без слов 150
Жить со скоростью ребенка 154

Часть 3
МАМА И ДРУГИЕ
В ГАРМОНИИ С МИРОМ

Глазами другого 163
Позиции и потребности 172
Критика 183
Правила бесконфликтного общения 191
Право отказа. Правило эмоциональной экологии 197
Нейтральные события 203

Часть 4
РЕСУРСЫ ДЛЯ ВАШЕГО СПОКОЙСТВИЯ
ВАШ ВНУТРЕННИЙ МИР

Жизненный баланс 213
Запланируйте отдых 217
Дом как место силы 224
Любить себя. Как? 230
Как делать только то, что хочется 237
Замечать хорошее 245
Ресурсы будущего. Еще чуть-чуть — и полегчает 250
Ресурсы настоящего. Удовольствия каждого дня 255
Ресурсы в прошлом 259
Наследуемые практики успокоения 265
Нас спасает юмор 268
Телесные практики 272

ЗАКЛЮЧЕНИЕ
ПЕРЕМЕНАМ НУЖНО ВРЕМЯ 278

ВВЕДЕНИЕ

Если утро не задалось у мамы, то оно не задалось у всей семьи. Такова суровая правда жизни. Ведь только спокойная мама способна с мягкой улыбкой выдерживать всех членов семьи от мала до велика, включая домашних питомцев. Все их капризы, бурчания, ворчания, преднамеренные и случайные пакости. А также агрессивные истерики того, кто не хочет в садик, или задумчивые зависания рискующего опоздать в школу. Если мама не выдержит, то сбежать из дому захочется всем, даже маминому коту, который был уверен, что уж он-то точно самый любимый ребенок.

Спокойствие. Только спокойствие...

Нам, мамам, важно уметь возвращать себя в состояние душевного спокойствия. Только из точки покоя адекватно разрешаются детские конфликты, находятся слова для убеждений, утешений, уговариваний. Только спокойная мама может быть достаточно вместительным контейнером, в который доверяющий ребенок будет щедро выплескивать свое эмоциональное напряжение.

Это истина из серии «ежу понятно». Но само по себе знание этой истины спокойствия не добавляет. Добавляет чувство вины, потому что «ну вот, опять не сдержалась, сорвалась, накричала, отшлепала». Мама и сама хотела бы всегда быть милой, приветливой, терпеливой, любящей, принимающей, но ресурсов для этого не хватает. Не хватает времени, не хватает сил, не хватает помощников.

Один из самых частых запросов на терапию: «Помогите мне стать спокойнее».

«Я в шоке от самой себя. Я думала, что никогда не буду орать. Никогда не буду такой, как моя мама. Я ведь помню, как сама боялась орущую маму. Но я ору. Это ужасно.

Я вижу в этот момент страх в глазах своего ребенка, но ничего не могу с собой поделать».

«Мне стыдно об этом говорить. Я люблю своего ребенка больше всего на свете, но бывают моменты ярости, когда я не просто кричу, а еще хватаю его и трясу. Могу даже шлепнуть. И по попе, и по затылку. Я боюсь себя. Я боюсь навредить ребенку. С этим нужно что-то делать».

«Уже потом я сама себе говорю, что ничего особенного ребенок не сделал, можно было спокойней отреагировать, но все уже случилось. Опять не сдержалась. Мне так стыдно. Я, конечно, прошу прощения, говорю, что я люблю дочку, что сожалею о своем поведении, что больше не буду. Но в это "больше не буду" я даже сама не верю».

«А больше всего меня пугает то, что дети уже даже мой крик не воспринимают. Я, видимо, стала так часто орать, что они уже привыкли и даже не вздрагивают. Вообще не реагируют на меня! Как будто просто кто-то радио погромче сделал. Это ужасно».

Эта книга про то, как стать спокойнее. Нет, не про то, как уметь держать себя в руках и подавлять сильные эмоции. Не про то, как сохранять внешнее спокойствие, когда внутри бушуют ураганы. Вы действительно станете спокойней, меняя какие-то привычки, взгляды, установки и ожидания. Только произойдет это не волшебным образом «раз — и готово», а при регулярном и длительном выполнении упражнений. Увы, это два обязательных условия: регулярность и длительность. Но есть и хорошая новость: выполнение упражнений не займет у вас много времени. (Я же понимаю, что свободного времени не просто мало, а вообще нет.) Максимум пятнадцать минут в день. Три недели по пятнадцать минут в день — хорошая цена за спокойствие, мне кажется. Простое прочтение книги, без выполнения упражнений, даст обычный результат: «Знаю, понимаю, но ничего не меняется». Только регулярное выполнение упражнений может привести к изменению поведения и новому восприятию действительности.

Почему я думаю, что упражнения будут вам полезны? Потому что их эффективность проверена. Проверена моими клиентами, обращающимися за индивидуальными консультациями. Проверена многочисленными участницами моего онлайн-тренинга «Секреты спокойствия» (четыре года, девять групп, в сумме около шестисот участниц, прежде чем я села за эту книгу). Проверено мной. Потому что я тоже мама и ничто человеческое мне не чуждо. В смысле, я тоже испытываю по отношению к своим детям не только любовь и радость. И все те упражнения, которые я предлагаю другим, я применяю сама.

Читая книгу, отмечайте для себя: «Вот это я знаю и применяю», «Вот это уже знаю, но не применяю», «А это является новой информацией». Зачем делать такие пометки? Для повышения мотивации. Если вдруг большинство изложенных сведений попадет в ваш личный список «Уже знаю, но не применяю», это может явиться дополнительным стимулом к выполнению упражнений, потому что «Хватить знать, надо практиковать!».

А пока мы еще не дошли до упражнений, просто спросите себя: «Что я сейчас чувствую?»

Вот мои ощущения. Прямо сейчас я чувствую мыслительное напряжение от того, что подбираю слова. Чувствую дискомфорт в теле от долгого сидения, хочу встать и подвигаться. Чувствую тревогу по поводу того, достаточно ли понятно излагаю свои мысли. Чувствую досаду, что времени у ноутбука провела много, а текста добавилось совсем чуть-чуть. Чувствую раздражение на гам в соседней комнате, потому что дети затеяли шумную воз-

ню (один доказывает другому, что самбо круче карате), а собака в таких случаях всегда впадает в истерику. Моя чихуахуа мечется между мальчишками и дверью моей комнаты, призывно лая. Мне кажется, если бы она говорила на нашем языке, это было бы: «Ужас-ужас! Они там такое вытворяют! Иди и наведи порядок!» Чувствую сомнения, то ли уже вмешаться, то ли игнорировать…

В каждый момент времени мы что-то чувствуем. Базовое условие для управления своими эмоциями — это способность быть с ними в контакте, осознавать их. Если вы научитесь осознавать внутри себя зарождающееся раздражение, то появится шанс предпринять меры по восстановлению душевного равновесия до того, как раздражение перерастет в разрушительную ярость.

Поэтому я рекомендую вам несколько раз в день в произвольный момент времени задавать себе вопрос: «А что я сейчас чувствую?» Можно наклеить цветные стикеры-напоминалки в тех местах квартиры, где они часто будут попадаться на глаза. Увидели такой стикер, поставили жизнедеятельность на секундную паузу, спросили себя: «А что я сейчас чувствую?» Включили режим осознания, рассказали себе о своем состоянии в настоящий момент. Так формируется новое, внимательное и бережное отношение к своим чувствам и эмоциям.

Часть 1

МАМА И ЕЕ ВНУТРЕННИЙ МИР
В ГАРМОНИИ С СОБОЙ

ПОНЯТЬ ПРИЧИНУ РАЗДРАЖЕНИЯ

Бабушка привезла игрушку. Очень натуралистичное рогато-копытное существо.

— Это бык! — позиционировал его сын-двухлетка.

— Бык, — кивнула бабушка...

А потом пришел из школы сын-второклассник...

— Бык! — похвастался двухлетка.

— Это буйвол! — авторитетно сказал второклассник.

— Бык! — Двухлетка отстаивал свои позиции.

— Буйвол! — очень уверенно произнес читатель энциклопедии «Животный мир».

— Бык! (Кто сказал, что упрямство начинается только в три года?)

— Буйвол! (Оно даже к восьми не заканчивается!)

— Бык! Бык! — Младший уже не просто кричит, а швыряет в старшего рогато-копытную игрушку...

— Буйвол! — Старший уворачивается и хохочет.

— Быыык!!!! — Это уже агрессивная истерика. В старшего брата летит все, что есть под рукой.

— Буйвол! — радостно кричит провокатор, укрывшись за дверью ванной комнаты...

Во мне уживаются некие субличности. Их много, но в подобных ситуациях активизируются три: педагог, психолог и мама. Иногда они устраивают консилиум. Иногда действует кто-то один. Тот, кто среагировал первым...

Педагог хотел взять иллюстрированную энциклопедию и показать двухлетке картинку быка, а потом буйвола. Сравнить с игрушкой и подвести к мысли, что это все-таки буйвол.

Психолог хотел взять второклассника за руку и побеседовать: «Что ты сейчас чувствуешь? Какая у тебя выгода от этой ситуации? Что тобой движет: желание доказать правоту или подразнить брата?» И убедить его согласиться с братом, что это бык, хотя бы до тех пор, когда малыш сможет выговорить слово «буйвол».

А мама хотела просто шлепнуть обоих по мягкому месту за превышение шумового порога...

Но педагог вовремя схватил за руку. А психолог загудел: «Осознай! Осознай истинную причину своей агрессии!»

==Истинная причина агрессии может быть совсем далека от точки приложения этой агрессии.== Ребенок часто выступает лишь поводом. Удобным и безопасным поводом для выплеска накопившегося раздражения. Раздражает, что ребенок, одеваясь в садик, ковыряется в носу и никак не может попасть ногой в сапог? А может, на самом деле вы злитесь, что проспали, что вчера поздно легли и опять не выспались, что снова опаздываете на работу, что начальник будет недоволен? Он и так недоволен, что план не выполнен, да еще и ключевой клиент ушел к конкурентам… Накричать на начальника небезопасно, последствия, знаете ли… Накричать на ключевого клиента? Абсурдно. Накричать на себя вчерашнюю, которая не смогла лечь спать пораньше? Нереально. А ребенок — вот он, рядом, реальный. Безопасный, потому что ответить ничем не сможет. Да еще и повод предоставляет…

Если в этот момент осознать истинную причину своего раздражения, то станет очевидно, что ребенок тут ни при чем. Ничего раздражающего он не делает. Ему просто в данный момент мешает козявка в носу.

В момент, когда вы почувствуете раздражение, скажите себе: «Стоп! А в чем истинная причина моего раздражения?»

Пример. Завтрак. Мама покормила ребенка кашей, потом дала ему в руки печенье, в надежде, что успеет поесть сама, пока ребенок этим печеньем занят. Ребенок съел печенье, заметил на столе крошки. Эти крошки очень интересно давить пальчиком и сметать на пол. Мама берет тряпку и вытирает крошки, оставляя тряпку тут же на столе («Сейчас доем и уберу»). Ребенок видит тряпку, с которой только что так интересно играла мама. В его возрасте естественно подражать взрослому, поэтому он резво тянется за тряпкой, опрокидывая при этом стакан с кефиром. Кефир заливает стол и пол под столом. Мама взрывается: «Куда ты лезешь?! Не можешь, что ли, спокойно посидеть?!»

Стоп! В чем истинная причина раздражения?

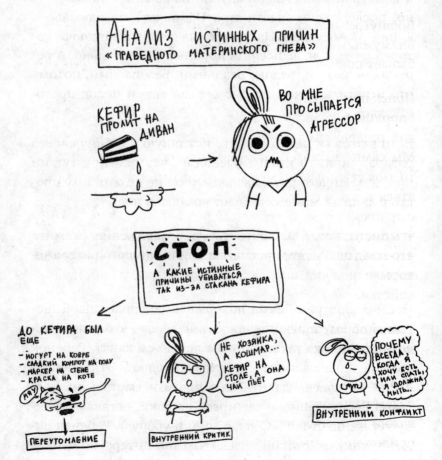

Во внутреннем конфликте между желанием идеального порядка и невозможностью его поддерживать на должном уровне при наличии маленького непоседы.

Во внутреннем напряжении из-за необходимости идти против желаний: хочется есть, но нужно хвататься за тряпку.

Во внутреннем критике, который зудит голосом свекрови/мужа/мамы: «Ты плохая хозяйка! У тебя никогда не бывает порядка!»

Поиск причины — это умение «копать глубже». Ребенок опрокинул чашку или разлил суп на пол. Это причина для раздражения? Нет. Это просто нейтральный факт. Мы сами выбираем, как нам к этому относиться. Кто-то может спокойно убрать. Кто-то может даже посмеяться в этой ситуации. Но если мама весь день снует с тряпкой по дому, убирая в режиме нон-стоп, потому что постоянно что-то просыпается, проливается, потому что младший игнорирует горшок, а старший в игровом порыве опрокидывает фикус на ковер, то сохранять спокойствие очень трудно.

Таким образом, истинная причина раздражения — это не опрокинутая чашка, а мамина усталость.

Что делать с истинными причинами раздражения, мы будем разбираться дальше на страницах книги. А пока важно научиться видеть, что причина агрессии и точка приложения агрессии далеко не всегда совпадают.

В момент, когда вы спокойны, попробуйте представить, на что вы могли бы вылить напряжение, если бы оно у вас было. Как будто внутри есть некоторый потенциал напряжения и вы сознательно ищете, как его можно разрядить. (В упражнении вы это делаете сознательно. В реальности это часто происходит бессознательно.)

> *Истинная причина агрессии может быть совсем далека от точки приложения этой агрессии. Ребенок часто выступает лишь поводом.*

Пример. Спокойная мама, спокойный вечер. Старший сидит за компьютером, средняя делает уроки, младший играет на полу. Мама начинает фантазировать, на кого бы она могла вылить агрессию, если бы таковая была. Оказывается, на каждого.

На старшего: «Вечно ты сидишь в своем компьютере! Тебе экзамены в этом году сдавать! На учебу налегать надо!»

На среднюю: «Спину прямо держи! Что ты носом пишешь?! Что это за почерк! Как курица лапой! Покажи дневник!»

На младшего: «Опять ты по всей комнате свой конструктор раскидал! Никакого порядка! Пройти невозможно! Как же надоел этот вечный бардак!»

Удивительно, но повод можно найти всегда. И это тоже позволяет увидеть, что «причина» не равно «повод». (Только, пожалуйста, при выполнении этого упражнения ограничьтесь фантазией!)

«ПЛОХИЕ» И «ХОРОШИЕ» ЭМОЦИИ

Эмоции принято делить на «плохие» и «хорошие». На позитивные и негативные. Есть мнение, что негативные нам не нужны, и было бы здорово, если бы остались только позитивные эмоции. Иногда люди с подобным запросом приходят на консультацию. «Я хочу перестать злиться», — говорят они. Но это нереально. Более того, опасно. Нам нужны все эмоции. Мы так устроены, мы так задуманы. Злость — одна из базовых врожденных эмоций. В природе нет ничего лишнего. Все лишнее отсеивается, убирается эволюцией. Эмоции — это индикатор. По эмоциям мы можем понять: то, что проис-

ходит, — это хорошо для меня или плохо? И если это плохо, мозг начинает искать вариант, как сделать хорошо. Это инстинкт самосохранения.

Отвращение — это хорошо или плохо? Гнилой плод вызывает отвращение. Его не хочется есть. Хочется найти другой, хороший. Без эмоции отвращения мы наелись бы чего попало и отравились. Отвращение — это нужная эмоция.

Огромный зверь вызывает страх и желание спрятаться. Страх высоты направляет подальше от опасного края обрыва. Наличие страха — это условие сохранения жизни. Страх и его производные — испуг, тревога, опасение — это нужные эмоции.

Гнев — естественная реакция на нарушение границ. Без гнева невозможно защитить свое имущество, свою территорию, свою неприкосновенность, свой комфорт, свои принципы. Гнев — нужная эмоция. Гнев может быть плох не своим наличием, а неадекватным способом выражения.

> *Если мама в ярости трясет ребенка — она разрушает его. Если мама сохраняет маску спокойствия в момент, когда внутри кипит ярость, — она разрушает себя.*

Печаль помогает нам понять, что имеет для нас ценность. Если бы мы не чувствовали печаль при необходимости разлуки с любимым человеком, то как бы мы тогда поняли, что любим? Печаль — нужная эмоция.

Получается, что все эмоции хороши. Потому что нужны. И задача этой книги не избавить вас от «плохих» эмоций, а научить с ними аккуратно обходиться. Не разрушая себя, не разрушая окружающих.

Если мама в ярости трясет ребенка — она разрушает его. Если мама сохраняет маску спокойствия в момент, когда внутри кипит ярость, — она разрушает себя. Подавленная эмоция остается жить в теле. Агрессия переходит в аутоагрессию и может через какое-то время заявить о себе психосоматикой. «Управлять эмоцией» не равно «подавить в себе эмоцию».

АЛГОРИТМ УПРАВЛЕНИЯ ЭМОЦИЕЙ

1. Осознать эмоцию.
2. Попробовать ее трансформировать, меняя ход своих мыслей.
3. Если не получилось трансформировать, безопасно проявить.

Как можно безопасно проявить раздражение? Сообщить о нем. Эмоция требует выхода и признания. Я могу привнести свою эмоцию в отношения громким криком и резкими движениями. Мою эмоцию увидят и признают. А могу рассказать о ней: «Знаешь, я сейчас чувствую сильное раздражение, потому что… Мне даже хочется что-нибудь схватить и швырнуть» — это тоже признание эмоции и ее проявление.

Обычно, когда я проговариваю эмоцию словами, у меня отпадает потребность демонстрировать ее невербально. Я говорю: «Мне хочется швырнуть», но при этом я ничего (и никого) не хватаю и не швыряю — это безопасно для меня и для окружающих. Если эмоцию проговорить, то в большинстве случаев снимается потребность выражать ее силой голоса или силой рук. Великая сила слова. Говорите о своих эмоциях.

«*Я говорю, а они все равно продолжают!*» — в отчаянии жалуется участница тренинга, вкладывая в послание смысл «не работает ваш метод». Говорить о своих эмоциях — это не манипуляция, дающая гарантию, что все прислушаются и немедленно прекратят делать то, чем занимались (и что вас раздражало). Но проговаривать эмоции имеет смысл уже потому, что вам в этот момент определенно станет легче. И если что, то вы предупредили о возможной реакции.

В стандартный стакан вмещается 200 граммов воды. И еще можно чуть-чуть налить сверху, «с горочкой». Вода будет держаться из-за сил поверхностного натяжения. Но если на эту «горочку» одна совсем крошечная капелька упадет с большой высоты, то из стакана выплеснется намного больше воды, чем объем той самой капли. Маленькая капелька в момент удара разрушит силу поверхностного натяжения. Я не сильна в физике и, возможно, ненаучно это объясняю. Но мы не раз проделывали этот эксперимент с детьми. Он очень показателен. На его примере я объясняла психологический феномен «последняя капля», когда кажется, что человек взрывается гневом на ровном месте. Буквально из-за пустячка. Было бы здорово научиться замечать «поверхностное натяжение» у себя и у своих близких, чтобы не ждать последней капли, а освобождать стакан эмоций заранее, куда-нибудь плавно переливая... Так вот, когда мы проговариваем свои эмоции, говорим о своем дискомфорте, напряжении, раздра-

жении, мы тем самым обозначаем, что вот он, край, уже близко, осторожнее, следующее ваше слово может оказаться последней каплей.

Говорите о своих эмоциях. Формируйте привычку сообщать близким о своем эмоциональном состоянии. Бонусом от этого будет развитие эмоционального интеллекта у ваших детей. На вашем примере они будут учиться сообщать о своих эмоциях.

КАК ОЖИДАНИЯ ВЛИЯЮТ НА ЭМОЦИИ

Когда ребенок рождается, у него уже есть эмоции. Базовые эмоции. Тот минимум, из которого потом вырастут все остальные.

- ✔ Страх
- ✔ Гнев
- ✔ Радость
- ✔ Грусть, печаль
- ✔ Отвращение
- ✔ Любопытство

Эти эмоции мы можем наблюдать у младенца. Вот он вздрагивает, пугается резкого звука. Вот он гневно протестует против надевания шапочки. Вот с любопытством тянется к новой игрушке. Вот морщится от отвращения, выплевывая пюре из брокколи. Вот радуется приходу мамы. Вот плачет, когда мамы долго нет.

Шести базовых эмоций, таких необходимых, нам, людям, показалось недостаточно, и мы решили все усложнить. С развитием когнитивных функций (мышление, память, внимание) у нас появилось ОЖИДАНИЕ. Ожидание того, как должно быть. Синонимы ожидания: надежда, предположение, предвидение, предвкушение, предчувствие, чаяние, упование. В комбинации с базовыми эмоциями ожидание породило новые.

- ✔ ОБИДА — поведение других не соответствует нашим ожиданиям. Печаль утраты доверия, отвращение к ситуации, гнев на обидчика.

- ✔ ВИНА — поведение не соответствует ожиданиям других и собственному ожиданию. «Я сам от себя такого не ожидал. Как я мог?» Отвращение к своему поступку.

- ✔ СТЫД — представление о себе не соответствует своим ожиданиям. Отвращение к себе.

- ✔ ВИНА И СТЫД — очень токсичные чувства, способные отравить жизнь человеку.

- ✔ РАЗОЧАРОВАНИЕ — случившееся не соответствует ожидаемому. Печаль утраты идеала. Отвращение к ситуации.

- ✔ РАЗДРАЖЕНИЕ — чье-то поведение не соответствует нашему ожиданию. Отвращение к другому.

Когда мы говорим, что ребенок отвратительно себя ведет, это значит, мы испытываем раздражение от того, что его поведение не соответствует нашим ожиданиям. При этом нам может быть стыдно или обидно. Мы мо-

жем обвинять ребенка либо сами погружаться в чувство вины, потому что вообще-то ожидали от себя определенного педагогического мастерства, умения на раз-два договариваться с ребенком и менять его плохое поведение на хорошее. Но — это важно понимать — ожидания-то наши! А значит, мы можем с ними что-нибудь сделать. Представляете, если убрать ожидание, то, потеряв основу, рассыплются и обида, и вина, и стыд, и разочарование, и раздражение... Я сейчас не призываю вас полностью избавиться от ожиданий. Я просто говорю о механизме возникновения эмоций. Это чисто гипотетически. В реальности я не знаю, как полностью избавиться от ожидания. И надо ли это делать? Но вполне возможно и порой даже нужно систему своих ожиданий периодически подчищать для более спокойной жизни, для более спокойного воспитания. Чтобы было меньше раздражения, а больше спокойствия.

Я думаю, все родители уже выучили эту педагогическую аксиому: «Не бывает плохих детей, бывают плохие поступки». Предлагаю ввести еще и психологическую аксиому: «Не бывает плохих эмоций».

«Он плохо себя ведет» — часто говорят про ребенка, который топает, кричит, швыряется предметами, громко плачет. Таким образом он демонстрирует окружающим гнев, печаль, отчаяние. Из идеи, что это «плохие» эмоции, взрослые могут оценивать поведение как плохое. Если же мы признаем, что это не плохие эмоции, что они нормальны и вполне имеют место быть, то и поведение перестает быть плохим. Поведение становится адекватным. Ребенок выражает гнев, и с этим все в порядке. При таком отношении выдерживать детские эмоции становится существенно легче. Рекомендую ожидание «мой ребенок будет всегда хорошо себя вести» заменить на убеждение «мой ребенок имеет право на любые эмоции».

Подумайте, от каких еще ожиданий имеет смысл отказаться ради более спокойной жизни? В этом вам поможет следующее задание.

Составьте список того, что вас регулярно (очень часто и очень сильно) раздражает, обижает, возмущает.

Вывод будет таким. Чем длиннее этот список, тем больше у вас ожиданий относительно того, как все должно быть, и связанных с ними убеждений, личных правил, установок. И да, в этот список попадут лишь те ожидания, которые с реальностью не совпадают.

Для более спокойной жизни логично стремиться к уменьшению длины этого списка.

Пример. Давным-давно было у меня убеждение, что есть надо обязательно за столом. Не знаю, откуда в моем личном списке правил оно взялось, но свято соблюдалось до определенного момента. Однажды

в группе мы обсуждали разные раздражающие факторы. (А это была группа студентов психологического факультета за выполнением практического задания.) Я сказала, что меня раздражает, когда со стола уносят еду, чтобы поесть у телевизора или компьютера. Но все остальные участники дискуссии, а их было шесть человек, сказали, что они любят есть не за столом, а на диване перед телевизором или в кровати. И что их раздражает, если им не дают это делать. Я рискнула попробовать — и отказалась от своего убеждения. И... мир не перевернулся. Почти ничего не изменилось. Ну, кроме того, что у меня не осталось раздражения и не стали утекать силы на противоборство. Просто иногда у кого-то в семье возникает желание поесть не за столом. И даже ощутимо не увеличивается число пресловутых «крошек по всей квартире».

> *Рекомендую ожидание «мой ребенок будет всегда хорошо себя вести» заменить на убеждение «мой ребенок имеет право на любые эмоции».*

Когда я говорю, что можно менять правила, пересматривать ожидания, отказываться от убеждений, некоторые воспринимают это очень настороженно. Как потерю почвы под ногами: «Это что же, вообще тогда никаких правил не останется? Это же тогда все можно будет?» Гипотетически можно убрать все правила, но делать этого не нужно. Убеждения, установки, правила нужны нам как некая удерживающая структура. Они помогают нам формировать собственное «Я». Но бывает так, что какое-то убеждение перестает работать в новой жизненной реальности. Такое убеждение становится дезадаптивным, то есть мешает адаптироваться к новым условиям. Дезадаптивные формулировки нужно убирать/переформулировать.

Представьте себе стресс потомственного врача, которому сын заявляет, что он будет программистом. Полагаю, убеждение, что сын должен всенепременно продолжить династию, нужно менять на «сын может быть тем, кем хочет», иначе это чревато давлением на сына и конфликтами в семье.

Представьте стресс женщины, от которой уходит муж. Еще недавно она была убеждена, что неполная семья равно «неблагополучная», от хороших жен мужья не уходят и уж ее-то это точно никогда не коснется. Если сейчас она останется при своих когда-то таких поддерживающих убеждениях, то жизнелюбия ей это явно не добавит. В новых жизненных условиях поддерживать ее будут примеры счастливых, пусть и неполных семей — и новое убеждение, что «можно быть счастливой и вне брака, хорошие дети могут расти и в неполной семье».

Есть личные убеждения, которые соответствуют жизненным реалиям. Например, женщина убеждена, что детей надо родить не меньше двух и в возрасте до 30 лет. Ей 28 лет, двое детей. Ожидания сбылись, нет необходимости отказываться от убеждения.

Есть личные убеждения, которые не совсем соответствуют жизненным реалиям. Пусть будет убеждение то же самое, но ребенок у женщины пока один. Женщина слегка нервничает, что может не успеть родить в «нормальном» возрасте. Старается забеременеть. Пока она старается, с убеждением тоже можно не работать.

Есть личные убеждения, которые идут вразрез с жизненными реалиями. Тот же пример с единственным ребенком, но по медицинскому заключению женщина не может больше иметь детей. Теперь ее прежнее убеждение становится дезадаптивным, и с ним нужно работать, иначе несоответствие будет постоянным источником плохого настроения, ощущением, что жизнь не удалась. Может быть, убеждение трансформируется в новое: «В семье достаточно одного ребенка». А может, это будет убеждение: «Второго ребенка можно не родить, а усыновить». Важно, чтобы новое убеждение соответствовало новым жизненным реалиям.

В поисках аргументов для поддерживающего убеждения выбирать нужно те примеры, которые помогают прийти к новой формулировке, а не подтверждают старую. Если женщина будет выбирать из своего сознания примеры знакомых, у которых двое своих детей, то она не сможет избавиться от старого убеждения. Обращать внимание в этом случае нужно на счастливые семьи с одним ребенком или на счастливые семьи с приемными детьми.

КАК РАБОТАТЬ С УБЕЖДЕНИЯМИ

Живет одна женщина, назовем ее Наташа. И есть у Наташи убеждение, что ребенок должен учиться на «отлично». Откуда взялось это убеждение? Сама Наташа училась на «отлично», мама Наташи училась на «отлично», сестра Наташи училась на «отлично», подруга Наташи училась на «отлично», и дочь подруги учится на «отлично». Все бы хорошо было с этим убеждением, если бы не ребенок. То ли не хочет, то ли не может, то ли какие другие причины на то имеются, но он не отличник. Почти отличник. И это «почти» дается Наташе очень тяжело. Каждый день она с тревогой ожидает ребенка из школы. Ребенок приносит «четыре» или даже «три». С Наташей случается истерика. Накричав на ребенка, она звонит учителю, интересуется, как исправить тройку. Садится делать уроки с ребенком. Ребенок «ленится», ребенок не демонстрирует серьезный настрой и высокую мотивацию к учебе, ребенок то и дело отвлекается на игры, чем еще больше раздражает Наташу. Наташа от отчаяния и бессилия кричит еще громче. Ребенок пугается крика, от стресса перестает понимать, чего от него хочет мама. А мама, видя, что ребенок «тормозит» и «издевается», приходит в еще большее бешенство. Ребенок ревет. Выполнение уроков затягивается до глубокой ночи. Пришедший с работы папа, он же муж, полгода ужинает в одиночестве под аккомпанемент воплей мамы и ребенка, осваивающих совместными усилиями программу второго класса престижной гимназии. Папу в этот сакральный процесс не допускают: «Ты же ничего не понимаешь в программе!» (Потому что он в свое время тоже отличником не был.) Папа приходит все позже и – «ужинать не хочу», потом решает пожить отдельно до тех пор, пока в доме не станет тихо… Знаете, с каким запросом приходит Наташа к психологу? Как сделать так, чтобы ребенок учился на «отлично» и при этом самостоятельно. Потому что тогда дома не будет скандалов и муж вернется. Даже под угрозой развода она не сразу решает отказаться от убеждения «ребенок должен учиться на "отлично"».

Каким образом можно помочь себе отказаться от значимого, но дезадаптивного убеждения? Найти достаточное количество контраргументов. Можно по такому алгоритму:

- ✔ Мнение близкого человека
- ✔ Пример знакомого
- ✔ Известный факт
- ✔ Взгляд из прошлого
- ✔ Взгляд из будущего
- ✔ Статистические данные

Попробуем помочь Наташе?

Мнение близкого человека. В данном случае — мужа. «Отстань ты от ребенка. Я вот тоже в школе на "тройки" учился, и ничего, человеком стал, семью содержу».

Пример знакомого. Вспомнить как можно больше хороших, успешных знакомых, которые в школе не были отличниками.

Известный факт. Почитать биографии знаменитостей, которые плохо учились в школе.

Взгляд из прошлого. Можно рассуждать так: «Да, я училась на "отлично". Но это была обычная школа, а не престижная гимназия с высокими требованиями. Возможно, что современную программу я бы, будучи школьницей, тоже не потянула на "отлично"». Или вспомнить

себя школьницей: «Как бы я себя чувствовала на месте своего сына? Это так ужасно, когда мама кричит из-за "тройки". Как будто ей оценки важнее меня».

Взгляд из будущего. «Будет ли лет через тридцать для меня так же важно, что ребенок получил по математике в третьей четверти второго класса? Что будет важным? Для меня будет важно хорошее отношение ко мне моего сына, возможность играть с внуками. И я бы хотела ездить в гости к сыну вместе со своим мужем». — «Достижимо ли все это с "тройками" в дневнике?» — «Да, конечно». — «Достижимо ли это, если ежедневные скандалы не прекратятся?» — «Скорее всего, нет».

Статистические данные. Сколько человек в классе учатся на "отлично"? Не так уж и много. «Большинство детей в классе учатся примерно так же, как мой сын».

Так сформировалось новое убеждение: «Ребенку необязательно быть отличником» и сопутствующее ему: «Отношения в семье важнее отметок в дневнике».

Нет, это вовсе не значит, что Наташа перестала интересоваться учебой ребенка или перестала с ним заниматься. Это значит, Наташа перестала нервничать по поводу оценок, напрягаться, раздражаться и орать.

Найдите внутреннее убеждение, которое является для вас генератором плохого настроения и эмоциональных всплесков. Опираясь на предложенный алгоритм, подберите достаточное количество контраргументов. Запишите новое убеждение. Если вам трудно определить наличие у себя дезадаптивного убеждения, посмотрите список, который вы, надеюсь, составили, выполняя предыдущее задание. *То, что вас регулярно, очень часто и очень сильно раздражает, связано с неким внутренним убеждением, которое не совпадает с вашей реальностью.*

Еще пример. Участница тренинга не смогла сформировать убеждение, но поделилась тем, что ее раздражает. Очень сильно и очень часто, а точнее — каждое утро.

> *«Я чувствую себя несвободной. Я постоянно должна. Я должна каждое утро варить детям кашу. Я ненавижу каши! Ни варить, ни есть! Но ем, потому что сварила. Не готовить же себе отдельно. У меня столько времени нет, чтобы себе отдельно готовить. А особенно бесит, когда дети эту кашу не едят. Я вот тоже не хочу, но ем! Столько сил уходит, чтобы в них хотя бы половину каши запихать! Тут и подкуп, и шантаж, и просто грубое насилие в ход идут».*

(*Примечание*. Дети у женщины уже относительно большие, 5 и 7 лет, что сразу лично у меня вызывает сомнения относительно обязательности ежедневной каши.)

Что мы имеем.

- ✔ Мама не получает удовольствия, когда готовит.
- ✔ Мама не получает удовольствия, когда ест.
- ✔ Дети не получают удовольствия, когда едят.
- ✔ Мама не получает удовольствия, когда едят дети.

Тогда кому нужна эта каша, если от нее никто не получает удовольствия? Но у мамы есть убеждение, что на завтрак обязательно должна быть каша. Ради этого убеждения вся семья с утра испытывает негативные эмоции. Я не сомневаюсь в пользе круп и необходимости их употребления в пищу. Но почему обязательно в виде каши?

Для работы с этим убеждением начали мы в группе вспоминать пищевые традиции других стран, где отсутствует привычная нам каша. (*Известный факт.*) Также вспомнили отпуск в Турции или Египте, где «все включено» не включало привычную кашу на завтрак, однако это никак не сказалось на самочувствии. (*Взгляд из прошлого.*) Еще более раннее прошлое — семейная жизнь до рождения детей. «Я не помню, чтобы тогда варила кашу». А до этого — собственное детство: «Меня заставляли есть кашу. Я мечтала, что, когда вырасту, никогда не буду есть

кашу». Потом мы стали вспоминать, какие еще существуют блюда из круп. Пудинг молочно-рисовый. Пирожки с рисом и яйцом. Плов с мясом или вегетарианский, с грибами. Похлебка с рисом. Суп-харчо. Рис с овощами. Рисово-творожная запеканка. Котлетки морковно-рисовые. Котлетки «ёжики». А если совсем по-быстрому, то вполне уместны рисовые хлебцы со сливочным сыром или клюквенным джемом. (*Пример знакомых.*)

То есть можно получить удовольствие от приготовления, удовольствие от еды, удовольствие от реакции близких. Есть стакан риса. Им можно распорядиться с удовольствием. А можно без удовольствия. Мне кажется, логично выбирать удовольствие.

В заключение мы решили проголосовать. (*Статистические данные.*) Я предложила поднять руку тем женщинам, кто обязательно каждый день, без всяких исключений, варит кашу на завтрак. Несколько участниц тренинга подняли руки, но сопроводили это действие комментариями: «У меня дети всегда хорошо кашу едят», «Просто я сама люблю каши». И тут к нашей героине пришло озарение относительно ее убеждения. Оно, конечно, было про кашу, но прочно сцеплено с понятием «хорошая мама»: «Хорошая мама всегда на завтрак варит кашу». Чтобы быть «хорошей мамой», она варила кашу, а потом заставляла детей эту кашу есть. Как она сама говорила: «Тут и подкуп, и шантаж, и просто грубое насилие».

Это точно про хорошую маму?

В итоге героиня сформировала для себя новое убеждение: «Хорошая мама старается кормить детей вкусно и полезно». А вкусно и полезно — это не обязательно каша.

ИДЕАЛЬНЫЙ ПОРЯДОК

Убеждение, что в доме всегда должен быть идеальный порядок, очень распространено. И здесь я тоже приведу пример с тренинга. (Это был выездной тренинг, на базе отдыха.)

Когда мы дошли до работы с убеждениями, одна женщина пожаловалась, что ее угнетает отсутствие идеального порядка в квартире. То сын, то муж что-то вечно не на место кладут. Вроде только порядок навела — опять надо прибираться. Так она и прибирается постоянно, потому что «вдруг гости, а у меня бардак».

Задаю вопрос группе: «У кого сейчас в квартире остался идеальный порядок, поднимите руки». На двадцать женщин ноль поднятых рук. И комментарии: у кого что из вещей осталось кучей лежать на диване, потому что в спешке собирались. Вот вам и статистические данные.

Второй вопрос: «При наличии современных средств связи кто из вас приходит в гости неожиданно, без звонка?» Опять никто не поднял руки. Железный аргумент против тревожного «вдруг гости».

Третий вопрос задаю: «Имеет ли для вас значение порядок в квартире знакомых?» Нет, это по большому счету не важно. Правда, у многих наготове такой ответ: «Мне всегда кажется, что у других чище, чем у меня» — но это скорее о субъективном восприятии.

Был такой ответ: «У меня есть только одна знакомая с идеальным порядком. Моя родная тетя. Я не люблю бывать у нее в гостях. Там страшно сесть на диван: вдруг помнешь подушечки. А детей я к ней в гости водить перестала после того, как она при мне стала тряпочкой отпечатки детских пальчиков с полированной мебели оттирать. Она пенсионерка, давно живет одна, сейчас только одна жизненная цель осталась — идеальный порядок поддерживать».

Группа выдохнула: «Как хорошо, что нам есть чем еще заняться, кроме уборки».

> *Жизнь — это существенно больше, чем чистота и порядок.*

Еще одна участница тренинга рассказала, после чего ее отпустила маниакальная страсть к уборке.

«В нашей больнице праздновали юбилей женщины, которая много лет проработала санитаркой. У нас ее очень ценили, ибо была она редкостной чистюлей. И дома у нее тоже всегда был идеальный порядок. Так вот, когда все поздравительные речи закончились и официальная часть перетекла в обычные бабские сплетни, юбилярша грустно заметила: "Вся моя жизнь — это две тряпки: одна на работе, другая — дома"».

Жизнь — это существенно больше, чем чистота и порядок.

Значит ли это, что женщина, отказавшись от убеждения «в доме все должно быть по полочкам», перестанет прибираться? Нет, она не станет делать меньше, чем может. Но она перестанет нервничать по поводу беспорядка.

ИДЕАЛЬНАЯ МАМА

Социальные сети способствуют популяризации образа супермамы. А образ супермамы, в свою очередь, способствует невротизации мам обычных. Потому что обычная мама, просматривая инсталенту, невольно сравнивает себя с теми, кто супер. С теми, кто все успевает, кто отлично готовит, занимается с детьми, путешествует с мужем, живет в идеально чистом доме, а еще — творческое хобби, подтянутая фигура и престижная должность на высокооплачиваемой работе... Возникает гаденькое чувство неполноценности.

Супермама — это собирательный образ, который нам рисует наше воображение. Вот некая обычная мама — нормальная мама — отвела ребенка в садик, села в маршрутку, едет на работу и параллельно пролистывает ленту Инстаграма. Увидела картинку, где какая-то мама сидит на шпагате, и в голове отложилась мысль: «Вот, другая мама успевает фитнесом заниматься». Потом увидела фотку: «Вчера довязала свитер любимому мужу» — и в голове откладывается: «Вот, другая мама вязать успевает». Потом увидела картинку: «Вчера с малышом рисовали натюрморт». Новая мысль покоя не дает: «Ага, она еще и рисовать успевает с ребенком». Потом увидела фотографию вручения сертификата — «Ну да, другие саморазвитием успевают заниматься». Маршрутка стоит в пробке, есть время еще десятки фото просмотреть (между прочим, разных мам). Выясняется, что другие мамы успевают торты печь, итальянский учить, благотворительностью заниматься, книги читать (непременно развивающие духовно), ходить на вокал и в бассейн, на женские даосские практики и на выставки современного искусства (продолжите список самостоятельно).

Все это многообразие в вашем восприятии сливается в единый образ супермамы. А на самом деле это десятки разных мам. Одна из которых впервые за пять лет испекла тортик и поэтому решила его запечатлеть (ну правда, если вы кашу варите регулярно, семь дней в неделю, разве возникнет желание ее фотографировать?), другая наконец-то довязала свитер (который начала вязать еще до рождения троих детей), а третья успевает фитнесом заниматься только потому, что она инструктор по фитнесу. Вот, сфотографировалась на рабочем месте.

После пролистывания инсталенты у меня тоже появляется иллюзорный интроект супермамы. Но я не даю вырасти комплексу, вовремя возвращая себя в реальность напоминанием: «Все не так, как кажется». В реальности я таких мам не встречала. В реальности у тех, кто делает карьеру, есть няни или другие помощники. У тех, кто активно занимается творчеством, нет идеального порядка. Те, кто с ребенком ежедневно рисует/гуляет/читает/мастерит, не работают в офисе.

Понимаете, откуда образ супермамы появляется? Мы можем глобализировать увиденное. Единичный факт распространить до «всегда» и «постоянно». Кто-то один раз за всю зиму выбрался на лыжах покататься, но сей эпохальный факт обнародовал в соцсети. Вы смотрите и думаете: вот, другие успевают на лыжах кататься... Но ведь это не совсем соответствует действительности. И если кто-то выложил фото с фотосессии, это совсем не значит, что в реальной жизни он всегда так выглядит.

Однажды я увидела смешную карикатуру. Жираф и нечто жирафоподобное рядом. Под картинкой подпись: «Теперь, когда мы признались друг другу в любви, я должен тебе кое-что открыть. Я не жираф. Я 58 хорьков в плаще». Неплохая идея — раздробить собирательный образ супермамы на 58 хорьков.

Аналогично с образом суперребенка. Это тот, который читает с трех лет, занимается карате, рисованием, музыкой, сочиняет стихи, аккуратно ест, сам всегда убирает одежду на место и к гаджетам равнодушен? Раздробите на те же 58 хорьков.

Мы сначала придумываем образ идеального ребенка, а потом расстраиваемся, что реальный ребенок сильно отличается от идеала. Погружаемся в собственную «плохость». Всем же понятно, что если у меня ребенок далек от идеала, то я плохая мать, да? Когда этой «плохости» накопится слишком много, ее станет сложно выдерживать. Захочется эту «плохость» на кого-нибудь выгрузить. На мужа можно выгрузить. Это все он. Мало с ребенком занимался, плохо жену поддерживал. На бабушку можно выгрузить. У других, вон, бабушки детей по кружкам водят. На ребенка можно эту «плохость» выгрузить. Это же он такой ленивый и неспособный. Понимаете, как этот механизм работает?

Для ребенка безопаснее, если мы не будем взращивать ощущение собственной «плохости». А для этого не надо стремиться к идеальности.

Мы как-то с коллегами спонтанно придумали термин «недомать». Это было на сентябрьской супервизорской группе. Шла первая неделя учебного года. А так как у многих имелись дети школьного возраста, то разговор зашел о чувстве вины, о сомнениях в собственной «хорошести», потому что без конца приходится сталкиваться с родительским рвением мам, которое не может позволить себе работающая мама. Говорили о страхе «недодать», из которого и получилась «недомать».

Выяснилось, что время от времени восприятие себя как «недоматери» навещает каждую из нас, несмотря на то, что за плечами годы обучения семейной терапии и годы практики. Мы, конечно, специалисты, и уже давно запомнили термин «достаточно хорошая мама»; мы можем долго теоретизировать о том, что стремление к идеальности является нарциссическим искажением личности, знаем, как работать с чувством вины и тревоги. Но ощущение «недомать» все равно нарушает наше эмоциональное спокойствие. Вот почему важно иметь в доступе такого человека, который вовремя скажет: «Перестань, ты хорошая мама». Или хотя бы: «Да ладно, я такая же» — и вы вместе над этим посмеетесь.

Термин «достаточно хорошая мать» появился в 1965 году благодаря детскому психоаналитику Дональду Вудсу Винникотту. С тех пор это понятие может служить противоядием от нереального стремления стать «идеальной матерью». «Достаточно хорошая мать» делает все, что в ее силах, старается поступать правильно, понимая при этом, что иногда может совершить ошибку.

«Достаточно хорошей маме» легко принять своего обычного ребенка. «Идеальной маме» нужен идеальный ребенок как подтверждение собственной идеальности. Легко ли ребенку в рамках ожиданий «идеальной мамы»? Надо ли объяснять, что стремление к идеальности часто вызвано не столько заботой о ребенке, сколько личной нарциссической травмой. В каждом человеке есть что-то условно хорошее и условно плохое. В каждом есть Тень. Но если мама не выдерживает своей «плохости», не готова встречаться с Тенью, то эту «плохость» берет на себя ребенок. Рядом с «идеальной мамой» сложно чувствовать себя достаточно хорошим. Быть идеальным — наивысшая степень пассивной агрессии.

Попробуйте принять свою неидеальность. Если обычно вы выкладываете в социальную сеть фотографии, которые способствуют формированию образа супермамы, демонстрирующие светлые стороны вашей жизни, покажите и теневые. Имейте смелость быть собой. Ногти без маникюра. Лицо без макияжа. Комната без уборки. Семейное фото. Не студийное, не постановочное, не ретушированное. Естественное. В одежде совсем не «Фэмили Лук», а «у кого что чистенькое нашлось».

«ВСЕ ПРОБЛЕМЫ ИЗ ДЕТСТВА»

Расслабьтесь. У вас все равно не получится стать идеальной мамой. Просто потому, что идеал недостижим. Сколько бы вы ни уделяли времени раннему развитию своего чада, всегда найдется ребенок, который будет быстрее вашего бегать, лучше говорить, начнет раньше читать… Несмотря на все закаливающие процедуры, витамины, натуральные продукты, однажды ребенок начнет чихать и кашлять…

Нет, это не значит, что нужно перестать развивать и закаливать. Достаточно отказаться от гонки и от разочарований по причине несовпадения ожиданий с реальностью. Идеальная мама в случае «неуспеха» рискует стремительно упасть в яму самообвинения и самобичевания: «Я виновата. Я недосмотрела. Я мало внимания уделила этому вопросу».

Расслабьтесь. Без детских травм еще никто не вырос. В качестве травмирующих событий выступают порой даже такие невинные истории, как: «Купили куклу и подарили другой девочке, потому что у нее был день рождения. А я так хотела такую куклу! Мне пообещали, что купят такую же куклу завтра. Но назавтра их разобрали и больше не завезли. Я теперь живу с ощущением, что мне всегда чего-то не хватает».

Свой опыт проживания фрустрации есть у каждого — без этого не взрослеют. Если человек не осознает у себя наличие детских травм, скорее всего, он просто их хорошо вытеснил. (Есть такая психологическая защита — вытеснение.) Какие-то детские травмы есть у каждого человека. Вопрос в том, как он с ними справился, а если еще не справился — психотерапия в помощь.

Как бы вы ни старались, выросшие дети все равно найдут повод, чтобы упрекнуть вас в неправильном воспитании. Каждый из клиентов, пришедших ко мне на консультацию, говорил эту магическую фразу: «Все проблемы из детства». И находил объяснение: «Это потому, что в детстве мои родители…»

«Мой перфекционизм мешает мне жить. Он развился, потому что у меня были очень строгие родители, они ждали от меня только лучшего результата. — А у вашей сестры

тоже перфекционизм? — Нет. Совсем нет. — Родители были с ней менее строги? — Нет, не знаю...»

«Мой перфекционизм мешает мне жить. Мои родители были очень мягкие, очень добрые, очень любящие. Очень хорошие. И мне очень хотелось быть для них самой хорошей девочкой. Я все время боялась чем-то расстроить маму, поэтому старалась быть лучше всех. Так и сформировался мой перфекционизм».

«Мои родители часто ссорились, и поэтому я теперь не могу построить нормальные отношения. В этом причина моего одиночества».

«Мои родители никогда не ссорились, вообще никогда. И теперь я ищу таких же идеальных отношений, как у них, но не могу найти. В этом причина моего одиночества».

«Мои родители меня перекармливали. Казалось, их беспокоило только то, что я ем. Поэтому я теперь такая толстая».

«Мне кажется, что моих родителей вообще не волновало, что я ем. Я приходила домой после школы и сама себе что-нибудь готовила. Яичницу или бутерброд. А так хотелось, чтобы в холодильнике ждал обед из трех блюд. Теперь у меня какая-то сверхценность еды. Я ем всегда, когда вижу еду. Поэтому я такая толстая».

«Все, чего я хотел, я всегда добивался сам. Я не видел никакой поддержки от родителей. Я постоянно слышал от них: "Разбирайся сам. Умей за себя постоять. Ты справишься". Я понимаю, что могу справиться сам. Но я теперь совершенно не умею просить помощь. И с родителями у меня прохладные отношения».

«Я имела все, что хотела. Я только захотела — родители тут же мне это предоставляли. Мне не нужно было стремиться, стараться, достигать, преодолевать. Чтобы повзрослеть и приобрести способность самой принимать решения и преодолевать препятствия, мне пришлось на какое-то время вообще прекратить с ними общение».

«Меня отдали в детский сад. Я так не любила туда ходить. Мне кажется, что все мои проблемы с коммуникацией от этого. Я не хотела общения, но меня вынудили общаться с какими-то чужими детьми в этом детском саду. Теперь я стараюсь избегать больших компаний».

«Меня не отдали в детский сад. Я до школы сидел дома с мамой. Поэтому я не научился общаться. Привыкать к общению с другими детьми в большом коллективе в возрасте семи лет мне уже было очень сложно.

Надо было мне получить этот опыт раньше. Зря меня в детский сад не отдали. Я так и не научился комфортно чувствовать себя в коллективе, стараюсь избегать больших компаний».

«Меня заставляли учиться. Требовали только хороших оценок. Отстали от меня со своей учебой, только когда я им красный диплом принес. Я так устал от этого насилия, что теперь не могу работать в крупных компаниях. Не могу работать нигде, где есть жесткие требования. Сразу вспоминается довлеющая мама».

«Я не могу простить своей матери, что она не заставила меня учиться. Что она не настояла на том, чтобы я получил образование. Пока было здоровье, я еще мог найти работу. Сейчас, после операции, рекомендован легкий труд. А где я найду легкий труд без образования?! Сейчас поздно учиться, мне уже 40. Я же молодой совсем был, не понимал, сразу хотел денег и взрослой жизни, а родители могли бы и настоять на техникуме, у них же уже опыт жизненный был».

Что бы ни происходило с человеком во взрослой жизни, всегда можно найти объяснение «это потому, что мои родители». И в символической бочке благодарностей родителям всегда найдется чайная ложечка упреков…

Упреки все равно будут. А раз так, то тем более имеет смысл отказаться от претензии на идеальность. От этого отказа есть прямая выгода: спадает напряжение. Получается более спокойная мама. Уравновешенная.

Представьте движение маятника. Если его сильно отвести в одну сторону, он потом резко качнется в другую. От идеальности — к отвратительности. В словесной формуле это можно выразить так: «Если я не идеальная мама, значит, я отвратительная мама». (Аналогичное маятниковое движение происходит с человеком на очень-очень жесткой диете. Чем больше стараний и ограничений, тем выше риск сорваться в другую крайность — в обжорство, потому что «я безвольный, отвратительный, мне все равно ничего не поможет».)

> *Расслабьтесь. Без детских травм еще никто не вырос. Как бы вы ни старались, выросшие дети все равно найдут повод, чтобы упрекнуть вас в неправильном воспитании.*

Маятник перестает раскачиваться от идеальности к отвратительности, когда он останавливается в зоне «достаточно хорошая мама». Уравновешенная.

Попробуйте пофантазировать, в чем упрекнет вас выросший ребенок. Доведите упрек до абсурда. А теперь представьте, что вы в корне пересмотрели свои воспитательные принципы. Сделали все наоборот. Ушли в другую крайность и тоже получили упрек. Как теперь будет звучать упрек выросшего чада?

Из одной крайности: «Ты постоянно запрещала мне есть то, что я хочу! Я хотел газировку и чипсы, а ты предлагала тушеные овощи! Я вырос с ощущением, что я не достоин удовольствий!»

Из другой крайности: «Ты могла бы более внимательно подходить к моему рациону! Как можно было позволять ребенку питаться только газировкой и чипсами! Надо было заставлять меня есть овощи до тех пор, пока я их не полюбил!»

ДЕТСКИЕ ССОРЫ

— Анна, а давайте организуем семинар в нашем городе! С какой темой вы могли бы к нам приехать и выступить?

— Давайте. Можем поговорить про развитие эмоционального интеллекта, про базовые детские эмоции.

— Нет, на это народ не пойдет. Лучше так: «Как на раз-два прекратить любую детскую истерику», «Как раз и навсегда покончить с детскими ссорами».

С точки зрения маркетинга это, наверное, очень правильные заголовки. Прямое попадание в боль и одновременно в страстное желание целевой аудитории. Но когда я начинаю думать над содержанием выступления, в голове рождаются идеи одна черней другой. Черный юмор психолога-реалиста. На «раз» отмотать скотч, на «два» заклеить ребенку рот скотчем. Нет возможности для выхода звука — нет истерики. ЛЮБОЙ истерики. В ДВА СЧЕТА. (На всякий случай повторюсь: это черный юмор, а не руководство к действию.)

Как раз и навсегда покончить с детскими ссорами? Отдать одного ребенка бабушке. Потом поменять. Потом снова поменять. Строго соблюдать график, не оставляя детям шанса встретиться и поссориться. Если детей больше двух, а бабушек меньше, на помощь приходят санатории.

Скажете, нереально? Да, я тоже считаю, что нереально. Нереально раз и навсегда покончить с детскими ссорами. Можно только работать над уменьшением их количества, над их переходом в другое качество. Новое качество ссор — это когда вместо «по башке машинкой» они начинают разговаривать, выясняя, кто прав, кто не прав, опираясь на приобретенные нравственные принципы, на правила, которые взяли от взрослых.

Если вы заметили, что ссоры перешли на другой уровень, если драки сменились словесными баталиями, а словесные баталии все меньше похожи на обмен оскорблениями и все больше — на конструктивный спор, похвалите себя. Сами понимаете, такие изменения на раз-два не происходят, это процесс длительной целенаправленной работы.

> *Нереально раз и навсегда покончить с детскими ссорами. Можно только работать над уменьшением их количества.*

Два ребенка на одной территории — это неминуемая борьба за ресурсы. Они делят телевизор (какой канал смотреть), планшет (чья очередь играть), последнюю конфету («Ты больше съел!») и далеко не последний блин («Не ешь так быстро! Мне меньше достанется»).

Увеличение числа ресурсов, как бы этому ни способствовала бабушка («Не ссорьтесь! Я еще напеку!»), не выправляет ситуацию, потому что ценность имеют не столько сами ресурсы, сколько процесс конкуренции. А где ж им еще конкуренции учиться? Поэтому при наличии свободных мест за столом Сашка со своим двоюродным братом всенепременно претендуют на один и тот же стул.

— Это мое место!

— Нет, мое! Я тут вчера сидел!

— А я еще в прошлый раз, когда приезжал, тут сидел!

— А я чаще тебя в гости прихожу и тут сижу чаще тебя!

— А я тут сидел, когда ты еще не родился!

— А тут моя мама сидела, когда еще ты не родился!

— А моя мама тут сидела, еще когда про твою маму вообще никто не знал, потому что твой папа с ней еще не познакомился!

Чисто гипотетически кажется, что проблемы с делением ресурсов уйдут, когда всех ресурсов будет поровну. Тебе, дорогой ребенок № 1, — ресурс. И тебе, дорогой ребенок № 2, — такой же ресурс. Но на практике оказывается, что если подарить двум сестрам совершенно одинаковые иг-

рушки/заколочки/сумочки/неважночто, то одной непременно захочется неважночто сестры, потому что «у нее лучше». Это во-первых. А во-вторых, неизбежно столкновение с единственным и неделимым ресурсом. Например, ресурс «начать игру первым». Невозможно начать игру одновременно. Кто-то будет первым бросать кубик. Кто-то будет злиться в этот момент на того, кто бросает, и на тех, кто говорит: «В другой раз ты первый начнешь».

«У меня два близнеца. Один, Юра, — скандалит, а другой, Игорь, — ему уступает. Например, оба хотят на велосипеде покататься, а велосипед один. Понятно, что можно кататься по очереди, но кто-то будет первым. Я предлагаю жребий. Если жребий выпал Игорю, то Юра впадает в истерику: "Нет, я хочу первым!" Игорь в таких случаях сам отдает велосипед: "Мама, пусть он первый, я могу уступить". Что мне делать? Соглашаться или настаивать на соблюдении результатов жребия?».

Если согласиться, то сразу станет тихо. Юра будет кататься первым. Юра сделает вывод, что истерика помогает добиться желаемого. Игорь научится ждать — это хорошо. Но еще Игорь научится поступаться своими интересами в угоду тем, кто проявит себя напористей, нахальнее. Это хорошо? Пусть лучше Игорь учится ждать тогда, когда жребий выпадает в пользу Юры. А Юре необходимо научиться выдерживать фрустрацию, то есть принимать, что не всегда в этой жизни бывает так, как хочется. Я не знаю другого способа научить этому ребенка, кроме как позволить ему прожить этот опыт. Всегда тихо — это не всегда хорошо.

Однажды ко мне на прием пришли родители мальчика по поводу «ужасной адаптации к школе». Ужасная адаптация проявлялась в том, что ребенок мог выпасть в истерику прямо посреди урока. Именно выпасть, а не впасть. Он падал в проход между партами и выл оттого, что учительница вызвала к доске не его, а другого ученика. «Скажите, это у него стресс от школы?» Я прошу рассказать, что было до школы. «Раньше он был тихий». Через подробности вырисовывается, что тихий он был просто потому, что почти не встречался с ситуациями, когда желаемое не соответствует возможностям. Ему все разрешали, ему всегда уступали, ему подыгрывали, поддавались и желания старались исполнить. «Лишь бы не плакал» — семейный девиз.

Приведу пример, чтобы понятней было, какой была жизнь семьи. Садится семья ужинать. Хлеб только белый. «Я хочу черный хлеб!» — говорит ребенок. Папа откладывает вилку в сторону, встает, одевается, идет в магазин за черным хлебом...

Когда маленький ребенок сталкивается с отказом, с невозможностью получить желаемое прямо сейчас, он переживает фрустрацию. Он может переживать ее тихо или бурно, в виде агрессивной истерики, — это зависит от темперамента. Способность выдерживать фрустрацию постепенно развивается. Истерик становится все меньше. Он может принять, что хлеб только белый, что черный купим в следующий раз. Но если этот опыт не получен в три года, если впервые с отказами ребенок встречается в школьном возрасте, то ожидаемо, что реагировать он будет «как трехлетка», потому что не может принять, что «тебя в следующий раз к доске вызовут». Всегда тихо — это не всегда хорошо.

Относитесь к шуму и крикам в детской, как к сезонной неизбежности. Неизбежно весной будет грязь, неизбежно летом полетит тополиный пух, неизбежно осенью похолодает.

— Мама, он украл у меня зуб! — В дверь ванной настойчиво стучат. Я даже еще не успела встать под душ, как тут же стала нужна.

Я уже привыкла к жалобам «он взял мое печенье» или «он не хочет со мной делиться шоколадкой». Но обвинение «украл у меня зуб» мотивирует меня пересмотреть свои планы и помыться после прояснения ситуации.

— Что украл?!
— Зуб.
— В смысле?
— Ну, у меня выпал зуб, а он его украл.

«Выпал зуб» — это очень понятное физиологическое явление, когда ребенку шесть лет. В Сашкиной группе в саду у многих детей молочные зубы постепенно заменяются постоянными. Поэтому Сашка уже в курсе про Зубную фею. Дети из группы рассказали, что за выпавший зуб, если его положить под подушку, фея приносит подарки.

Только вот зуб выпал не у Сашки, а у Арсения... Я не знаю, почему так и чем это объясняется, но процесс смены молочных зубов у Арсения начался только в десять лет, и до сих пор еще не все поменялись. Если это какая-то наследственная особенность, то ждать бы Сашке свою Зубную фею еще года четыре. Но предприимчивый Сашка решил ускорить эту встречу. Сначала он пресек бесцеремонную попытку Арсения варварски избавиться от зуба. Повис на руке и начал уговаривать брата не выбрасывать зуб в мусорное ведро. Сашка был очень убедителен, рассказывая про Зубную фею. Арсений, не выдержав натиска Сашкиных аргументов, положил зуб под подушку. Не то чтобы поверил в существование Зубной феи, но смекнул, что может использовать Сашкину веру себе во благо. Поэтому в Сашкином присутствии подмигнул мне и задал провокационный вопрос: «Мама, а у Зубной феи можно попросить деньгами?»

Но Арсений не подозревал, как коварен Александр... Сашка выкрал зуб и положил себе под подушку... Я все-таки ушла мыться и сквозь шум воды слышала, как братья в комнате рулились за зуб. Арсений убеждал Сашку, что Зубная фея не дура, что она прекрасно знает, чей это зуб, поэтому с подарком не промахнется, и не имеет значения, под чьей подушкой будет лежать зуб.

Я достаточно ровно отношусь к их ссорам, потому что знаю, что на самом деле они друг друга любят. Это отчетливо проявляется, когда возникает некая «внешняя угроза». Если ваши дети ссорятся дома, но встают друг за друга горой во дворе или в школе, с этим все в порядке.

==Надо ли вмешиваться в детские конфликты? Есть две крайности: не вмешиваться совсем и вмешиваться абсолютно в каждый конфликт. Главное — не свалиться ни в одну из крайностей, потому что мудрость — посередине== и для нее невозможно прописать четкие правила. Четкие правила требуют жесткого соблюдения. А мудрость — в гибкости, в умении чувствовать ситуацию, чувствовать настроение, потребности и возможности каждого. Четкое правило только одно: следите, чтобы не покалечились. Чем меньше дети, чем чаще у них возникает соблазн пускать в ход кулаки при возникновении конфликта, тем больше должно быть родительского участия в их разборках. Если это словесная перепалка, есть шанс, что они сумеют договориться. Дайте им возможность самим прийти к мировому соглашению.

Мама телом на кухне, а вниманием — в детской. Руки мнут тесто, помешивают щи, а уши прислушиваются к происходящему. Вот разругались. Вот пять минут тишины, наполненной сопением обиженных. Вот коммуникация начинает восстанавливаться: «Ладно, давай мириться». ==Но если дети прибежали на кухню за помощью:== «Мама, скажи, кто из нас прав», или проще: «Мама, скажи ему!», ==то нужно помочь. Неправильно будет отмахнуться: «Разбирайтесь сами».==

ЭТО ВСЕ ПРО МАМУ

Если смотреть из целостности, то получается весьма странная картинка: сама сорвалась, накричала, сама испугалась своей реакции, сама расстроилась и погрузилась в чувство вины и стыда. Или так: сама провалялась все утро в кровати, с малышом под боком, а потом сама себя изгрызла за то, что не протерла полы, пока спящий ребенок такую возможность предоставлял. Сама против себя — удивительно, но это факт. Человек умеет сам себя критиковать и наказывать. Мне даже доводилось слышать вариант тотальной критики, полное неприятие себя: «Ненавижу себя за это!»

Если же смотреть на личность как на совокупность разных внутренних персонажей, то картинка становится более понятной. Я вас уже даже с некоторыми своими персонажами на страницах этой книги знакомила. И с внутренним психологом, и с внутренним педагогом. А еще у меня есть внутренний родитель и внутренний ребенок — в этом я не оригинальна, они у всех есть. Вообще, этих персонажей у меня целая толпа. У вас тоже. В каждом из нас толпа. Когда какой-то внутренний конфликт происходит — это один персонаж с другим спорит. И когда возникает недоумение: «Вообще не понимаю, как я могла такое сказать» — это на самом деле один персонаж сказал, а второй потом недоумевает.

Персонажи внутри нас различаются по уровню своего психологического здоровья. Есть здоровенькие, а есть травмированные. Когда рулит здоровенький персонаж, мы мало переживаем. Мы скорее рациональны и деятельны. Эмоции зашкаливают тогда, когда проявляет активность не совсем здоровенький персонаж или даже сильно травмированный. Здоровенькие особо не эмоционируют.

В момент, когда вы испытываете сильные эмоции, попробуйте представить внутреннего персонажа, который именно так реагирует на ситуацию.

— Меня бесит, когда дочь говорит «нет». Мне даже кажется, что она на все говорит «нет». Иди есть — нет. Иди спать — нет. Одевайся — нет. Ей всего-то пять лет, а она мне, своей маме, говорит «нет»! Разве можно маме говорить «нет»?!

— Что стоит за вашим раздражением? Давайте копнем поглубже, — предлагаю я

— Наверное, зависть... Да, я завидую, что она может так легко говорить «нет». У меня с этим проблемы. Я до сих пор не могу спорить с мамой.

— Попробуйте представить персонажа, который так остро реагирует на отказ дочери. Кого вы видите?

— Я вижу ребенка. Девочку. Она похожа на меня в детстве. Ей очень хочется сказать: «Нет, я не хочу», но нельзя спорить с мамой.

* * *

— Он делает ошибку. Выполняет домашнюю работу и делает ошибку. Меня всю трясет в этот момент, а ему хоть бы что. Он небрежно исправляет ошибку. При этом, исправляя одно, может допустить ошибку в другом. Зачеркнул и еще зачеркнул. И спокоен. А у меня прямо паника какая-то начинается.

— Попробуйте представить персонажа, который так остро реагирует на ошибки. Кого вы видите?

— Это девочка в школьной форме. Она отличница. Это я в детстве. Я панически боялась ошибок. Я рыдала над каждым исправлением. У меня был страх, что меня назовут плохой.

Если ребенок вызывает у мамы негативные чувства, это значит, он не хочет играть в *маминого* внутреннего ребенка. Внутренний ребенок в этот момент возмущен: «Как же так? Почему ему можно, а мне нельзя?»

Когда мой сын агрессивно протестовал против чего-либо («Я не надену эти перчатки, они колючие!»), мне было очень трудно это выдерживать. Потому что мой внутренний ребенок — это послушная девочка. Мои ожидания, что все дети должны вести себя так же, разбиваются о реальность. Когда я убираю эти ожидания, я признаю, что мой ребенок не обязан играть в моего внутреннего ребенка, и появляется новое понятие нормы. Это нормально, когда ребенок протестует. У него может быть свое мнение. А если я начинаю считать такое поведение нормальным, я легко его выдерживаю.

> Это нормально, когда ребенок протестует.

Если свое собственное поведение вызывает у мамы негативные чувства, то чаще всего через этот вопрос — «Попробуйте представить персонажа, который так остро реагирует на этот поступок» — мы выходим на родительскую фигуру. Критикующую, обесценивающую, сомневающуюся.

— Это какой-то постоянный самосаботаж. Я придумываю проекты, а реализовать их не могу. Я составляю себе план на день, на неделю. Пока пишу планы, чувствую подъем. А потом сдуваюсь. К концу дня, когда понимаю, что ни один пункт из плана не выполнен, чувствую досаду, гнев на себя.

— От имени какого персонажа вы пишете планы? Попробуйте представить.

— Это такая девочка с горящими глазами. Юная девушка. Знаете, такая, как в кино: активистка, спортсменка, комсомолка и просто красавица.

— А какой персонаж заставляет «сдуваться»?

— Это такая усталая женщина. Она говорит: «Не сейчас, не время, не всем дано, ты не справишься, у тебя не получится». Она похожа… на мою маму.

Когда мы выявляем внутреннего персонажа, у нас появляется возможность отстраниться от него и наблюдать со стороны. Когда что-то становится видимым — оно перестает нами управлять. Внутренний персонаж — это не я. Это лишь часть меня. Я значительно больше. У меня таких персонажей — толпа. И я могу выбрать кого-нибудь более здоровенького.

В момент сильных эмоций я могу сказать себе: «Стоп! Что за персонаж сейчас активизировался? Как он выглядит? Чего боится? Чего хочет?» Удивительно, но эмоции после такого внутреннего диалога становятся значительно слабее. Как будто, представив персонаж, я возвращаю ему его эмоции: «Это твое. Возьми. Мне не надо».

Каждый раз, когда ко мне на консультацию приходит мама по поводу ребенка, мы делаем вывод, что работать нужно все-таки с мамой. (Если бы приходили папы, мы бы и с папами работали, но пап почти не видно.)

Запрос по поводу плохой адаптации к садику. Из разговора выясняется, что адаптация не такая уж и плохая. И что разлука более травматична для мамы, чем для ребенка. Ребенок со слезами заходит в группу, но потом быстро успокаивается, ест, спит, играет. А мама все это время места себе не находит, плачет и ищет аргументы для папы, почему стоит забрать сына из детского сада.

— Когда за ребенком закрывается дверь садика, я чувствую такую сильную тревогу, прямо ужас.

— Попробуйте представить, что это не ваши эмоции, а какого-то персонажа. Вы смотрите на него со стороны. Как он выглядит?

— Это девочка. Совсем маленькая девочка. Это я. Я очень боялась садик. Меня там обижали. А я боялась сказать маме, что меня обижают другие ребята. Зачем-то вместо этого врала маме, что я дружу с ними. Как будто мама все равно не сможет меня защитить, а только расстроится. Так было, воспитатель отругала маму, что поздно пришли в садик, опоздали к завтраку. Она, наверное, просто строго сказала, а мне показалось, что прямо отругала…

Так женщина, обратившаяся за консультацией, приходит к выводу, что беспокоящая ее сильная тревога — не про реальный садик, куда ходит сын. Это ее личный страх, который остался с детства.

* * *

Запрос по поводу застенчивости ребенка. А ребенку всего-то два года. Рановато еще говорить о застенчивости. Нормально в его возрасте от чужих людей за маму прятаться. Почему же маму это так рано и так сильно беспокоит, что она даже к психологу пришла? Сама была застенчивой. Это очень сильно мешало и в школе, и в вузе. Каждый раз, когда ребенок демонстрирует нежелание контакта с другими людьми, мама проваливается в своего внутреннего ребенка, который краснеет у доски, предпочитая получить двойку за прекрасно выученный урок, но только бы не говорить перед всем классом.

* * *

Запрос по поводу коррекции роста у девочки-подростка. Да-да, я тоже поначалу удивилась, при чем тут психология. Но мама решила, что это может быть психосоматика, подсознательное желание оставаться маленькой, инфантильной. Рост, кстати, у девочки был нормальный, средний. Но маме казалось, что дочка ниже всех в классе. Она даже специально приходила на физкультуру, когда класс на улице занимался. Посмотрела на построении, что дочка третья с конца по росту, и решила, что пора к психологу.

Думаю, читатели уже догадались, что это не про девочку. Это тоже про маму. Про мамин комплекс невысокого роста. Это она в классе самая маленькая была. Специально мужа высокого искала, чтобы дети высокие были и «не страдали, как я». Надо ли объяснять, почему я ни разу с девочкой не увиделась? Верно, с мамой работали, комплекс роста убирали. Дочку рост вполне устраивал, а вот внутренний ребенок мамы комплексовал.

Когда в следующий раз очень сильно захочется что-то поменять в ребенке, спросите себя: «А что в этом про меня? Какой мой персонаж так остро реагирует?»

* * *

Кстати, во время детских ссор, бывает, мамы теряют нейтральность, чаще принимая сторону одного ребенка. Это тоже происходит потому, что активизируются разные персонажи. Я у разных мам спрашивала, в чем они видят причину.

> *Когда в следующий раз очень сильно захочется что-то поменять в ребенке, спросите себя: «А что в этом про меня? Какой мой персонаж так остро реагирует?»*

Первая мама сказала:
— Мне кажется, что младшего я люблю сильнее. Поэтому испытываю большое чувство вины по отношению к старшему. Когда они ссорятся, первая реакция — защитить младшего, даже если он не прав. И честно говоря, я так и делаю. Но потом включается чувство вины. Я сама себя начинаю поедать: «Что ты за мать такая?!» От этого большое напряжение, я срываюсь и кричу на обоих.

Вторая мама сказала:
— Мне кажется, что старшего я люблю сильнее. Младший от незапланированной беременности. Я, наверное, так и не смогла это принять. Когда они начинают ссориться, какая-то травмированная часть внутри меня начинает ныть, что если бы его не было, не было бы и этих ссор. Я пугаюсь таких мыслей. Меня накрывает чувством вины. От этого большое напряжение. Я срываюсь и кричу на обоих.

Третья мама сказала:

— Я на автомате произношу фразу: «Он же маленький!» Так когда-то в детстве говорила моя мама. Я всегда слышала от нее эту фразу. Тут же в памяти всплывают картинки детства, когда сестра вырывает у меня куклу, а мама говорит: «Отдай ей, она же маленькая!» А с чего это? Отдать ей мою куклу просто потому, что она маленькая? Я злюсь на себя, что сейчас сама произношу эту ненавистную мне с детства фразу. И злюсь на детей, которые, сами того не зная, погружают меня в мой внутренний конфликт.

> Вы можете любить всех своих детей одинаково сильно, но при этом все равно любите их по-разному.

Когда рождается второй ребенок, внутри, в психическом пространстве мамы, рождается новая часть, новый персонаж — мама № 2. У первого и второго ребенка мамы разные. Физически это, конечно, один человек. Но психологически — два разных персонажа. Поэтому и отличается отношение к первому и ко второму ребенку.

Вы можете любить всех своих детей одинаково сильно, но при этом все равно любите их по-разному. Когда очень много тяжелых ссор происходит у детей, возможно, пришла пора помирить маму № 1 с мамой № 2. Вдруг мама № 1 считает себя менее успешной? Или мама № 2 более тревожная? Мир внутри способствует установлению мира снаружи.

Дети, кстати, чувствуют, что у них разные мамы. Так бывает, запретишь что-нибудь старшему, а он подсылает младшего к маме с этим же вопросом, в надежде, что мама № 2 разрешит то, что мама № 1 запретила...

С внутренними персонажами лучше разбираться с психологом. В одиночку сложно, но можно попробовать. Хуже точно не будет.

Часть 2

МАМА И ДЕТИ
В ГАРМОНИИ С ДЕТЬМИ

ПОЧЕМУ САМЫЕ СИЛЬНЫЕ ЭМОЦИИ ДОСТАЮТСЯ МАМЕ

Мне было пять лет. Я ходила с братьями в магазин. Прыгнула со ступеньки и упала коленками на асфальт. Обе коленки были содраны до крови. Мне приложили подорожник и на закорках отнесли к бабушке. Несли по очереди, попутно срывая новые подорожники. У бабушки мои раны промыли, полили зеленкой, замотали бинтами. При этом все приговаривали, какая я молодец, какая я большая, даже не заплакала. Я тоже думала, что я молодец. А вечером пришла с работы мама. Мама увидела забинтованные коленки, я увидела маму, и как будто некий транс с меня сошел. Я вдруг начинаю безутешно рыдать у мамы на коленях. Мне стыдно, что я плачу, я не понимаю, откуда взялись потоки слез, но я никак не могу остановиться. Взрослые удивляются. С момента падения уже прошло много часов. Почему я решила зарыдать только сейчас, ведь уже давно не больно? Больно было в момент падения, больно было в момент обработки ран, но тогда я все вытерпела, а сейчас расплакалась. Это были слезы не про боль. Мне не было в тот момент больно. Мне было себя очень жалко. Эту печаль я смогла вылить только на маму. Потому что другие не подходили на роль контейнера для моих эмоций. Для них я старалась быть «молодец» и «уже большая». А с мамой можно быть собой. Кому еще плакать, если не маме? Образно говоря, у мамы самая впитывающая жилетка, много слез может взять на себя.

Детство — это ведь не только радость и любопытство. Печаль, боль, гнев, ярость, ненависть, бессилие, отчаяние — все тоже есть в жизни ребенка. Ему необходима помощь в проживании таких сильных эмоций. Одна из родительских функций — «контейнировать» детские эмоции. Образно говоря, родители должны создать некий контейнер (или жилетку — как вам больше нравится), куда ребенок может выгрузить эмоции, с которыми ему самому сложно справляться. И если у мамы получилось стать таким контейнером для ребенка, то именно

ей будет доставаться больше всего негативных эмоций. Со стороны может казаться, что мама не умеет поладить с ребенком: «Без мамы золотой ребенок. Только мама придет, сразу истерики начинаются», «Без тебя он себя гораздо лучше ведет», «Как подменили ребенка! Такой хороший весь день был, пока мама не пришла». Это значит, мама умеет сформировать пространство для безопасной демонстрации любых эмоций. Можно плакать, можно кричать, не боясь, что тебя начнут стыдить или ругать.

Важно только не путать способность «контейнировать» эмоции с неспособностью мамы держать рамки. Потому что внешне они могут выглядеть одинаково: мама пришла, и ребенок стал капризничать.

Но в первом случае ребенок выгружает маме накопленные за день эмоции, а во втором он слезами добивается того, чего невозможно было получить от других взрослых, зная, что мама не выдержит слезного натиска, не сумеет отказать, если начать при ней плакать.

— Я хочу новую маши-и-инку! Я хочу прямо сейчас пойти за маши-и-инкой!

Усталая, только что вернувшаяся с работы мама разворачивается и идет за машинкой. Этот вариант называется не «адекватный контейнер», а «избалованность», которая не является для ребенка благом.

Ребенок не рождается со способностью справляться со своими эмоциями. Этому он учится у родителей. Если взрослые выдерживают его эмоции, то рано или поздно он сам научится выдерживать их. Если родители не выдерживают, ребенок остается один на один со своим внутренним драконом. (Так один мальчик на приеме у психолога сказал о своем гневе: «У меня внутри как будто дракон».)

> Ребенок не рождается со способностью справляться со своими эмоциями. Этому он учится у родителей.

А что делать, когда он так кричит? Разрешать? Соглашаться с требованием?

Разрешение, соглашение не должно зависеть от интенсивности детской реакции. Сначала решение принимает взрослый. Только не импульсивно, а хорошенько взвесив, подумав, ответив себе на вопрос: «А почему нет? Точно нет? Или, может быть, да?» И если взрослый говорит «нет», то желательно выдержать последующую яростную атаку ребенка, стремящегося разрушить рамки запрета. «Я понимаю и принимаю твои эмоции, но все равно нет».

Если же под давлением детских эмоций родительское «нет» всегда превращается в «да», ребенок делает вывод, что его внутренний дракон силен настолько, что даже родители не могут с ним справиться.

В момент, когда рядом с вами ребенок проявляет сильные эмоции, представьте некий большой прозрачный контейнер. Представьте, какого цвета эмоция ребенка? Какой формы? Представьте, как вы заполняете прозрачный контейнер эмоцией.

Что дает это упражнение? Помогает сохранять спокойствие.

Выдерживать детские эмоции не значит подавлять. Грубое подавление: «Замолчи! Замолчи, я кому сказал!» — это тоже про неспособность выдерживать. Важно транслировать ребенку свою уверенность, невербально давая понять: «Все в порядке, проживать эмоции — это нормально. Я справлюсь с любыми твоими эмоциями. Это меня не разрушит».

ЭМОЦИОНАЛЬНОЕ ЗАРАЖЕНИЕ

Есть такой феномен, как эмоциональное заражение. Это когда эмоции одного человека передаются другому. Один человек начинает злиться, за ним второй, третий… Ребенок в истерике, кричит и швыряет игрушку в маму. Мама не выдерживает, срывается на ребенка: «Да прекрати ты уже орать!» Папа не выдерживает и срывается на маму: «Сама-то что орешь?!» В ситуацию вмешивается бабушка: «Что вы орете друг на друга? Сами такие психованные, чего от ребенка ожидать?» Причем бабушка тоже говорит на повышенных тонах.

Почему такое происходит? Можно ли уберечься от эмоционального заражения?

Я думаю, что можно. Для этого нужно четко отделять себя от эмоций другого человека. Помогает в этом мантра-напоминание: *«Это его реакция. Это его эмоции. Он имеет право на любые эмоции».*

Мой ребенок кричит от злости. Это ЕГО эмоция. Он имеет право на злость. Сама я при этом могу оставаться спокойной.

Пример. Десять минут до отправления междугороднего автобуса, провожаю сестру с племянницей. Сестра побежала в туалет, вручив мне трехлетку-дочь. А трехлетка хочет бежать до киоска, где продают мороженое. Мороженое по ряду причин отменяется. Но у племянницы есть уже известная всем нам особенность: на «нет» она реагирует агрессивной истерикой. Ощущение, что в этот момент даже разговаривать с ней бесполезно, — можно только переждать. Ее мама называет это «сильный характер». Трехлетка истошно кричит, вырывается, чтобы бежать в сторону киоска. Бежать за ней с двумя тяжелыми сумками в мои планы не входит. Сажусь на скамейку, беру девчушку на руки, обнимая, фиксирую ей руки и ноги (машет ведь, ударить может). Пару раз проговариваю: «Да, я понимаю, что тебе очень хочется. Но сейчас никак нельзя. Ты сейчас так сильно злишься. Но мы не можем уйти. Мы должны сидеть здесь и ждать маму». Дальше спокойно сижу, включив «железобетонное состояние». Через две минуты истошных воплей ребенок расслабляется и говорит мне: «Аня, я успокоилась, можешь меня больше не держать». Я ее отпускаю, сажаю рядом на скамейку, поглаживаю по плечику, перевожу разговор на другую тему. Племянница дала выход агрессии и успокоилась. Если я встаю на ее позицию, смотрю на ситуацию ее глазами, я понимаю ее эмоцию. Да, это сильная злость на несовершенство мира, в котором невозможно получить мороженое прямо сейчас.

В ситуации, когда взрослый не отделяет себя от эмоций ребенка (заражается ими), это могло бы быть так: «Хорошие дети не закатывают истерики. Если ребенок истерит, значит, я с ним не справляюсь. Значит, я сама нехорошая. Все окружающие смотрят на меня и думают, какая я нехорошая, не умею воспитывать детей. Ведь этот крик раздражает окружающих. Да прекрати же орать, наконец!!!» И тогда вместо эмоционального спокойствия приходят вина, стыд, ярость, а потом уже вина и стыд за ярость... Не раз наблюдала сцену, когда агрессия ребенка провоцирует агрессию родителей.

Пример. Ребенку (на вид четыре года) скучно ехать в трамвае. Он начинает развлекать себя шуршанием пакета. Мама напрягается из-за шума и резко забирает пакет. Ребенок недовольно хныкнул из-за утраченного развлечения. Мама на него повысила голос, что-то типа «Только вякни мне еще!». Мало того что ребенок утратил развлечение, так и еще агрессивный окрик получил. Реагирует он обидой и ответной агрессией: скалится и рычит на маму. Мама заводится и шлепает его по губам. Ребенок ревет. Мама еще больше заводится и переходит на угрозы: «Я тебя вообще больше никуда с собой не возьму!» Эмоции ребенка скачут: огорчение — обида — ярость — бессилие. Он забился в рыданиях у мамы на коленях. Маму еще некоторое время потрясывает от злости. Лучше бы вагон слушал шуршание пакетика, чем рыдания ребенка...

Если бы мама в момент, когда она забрала пакет и получила порцию недовольства от ребенка, сказала себе: «Это эмоции моего ребенка. Он имеет право на любые эмоции, он не робот, чтобы быть безэмоциональным», — возможно, это помогло бы ей сохранить спокойствие. Она могла бы отзеркалить ребенку его эмоции: «Я вижу, что ты сердишься, но мне неприятен звук шуршащего пакета». Можно было бы взглянуть на ситуацию с позиции ребенка. Почему он шуршит пакетом? Потому что ему скучно ехать и он развлекает себя, как может. У ребенка потребность в развлечении. Если пакет с точки зрения мамы неподходящее развлечение, нужно развлечь его чем-то другим. Машины зеленые считать, в слова играть, билетик прятать: «Угадай, в какой руке», и т. п.

Ребенок рычит — выплескивает свою эмоцию по поводу утраченного развлечения, а мама воспринимает это в свой адрес и заводится: «Ребенок рычит на меня?! Как он смеет?!» Это, кстати, частая ошибка — принимать на свой личный счет эмоцию, которая вообще-то предназначалась ситуации.

Пример эмоционального заражения из общения взрослых. Сфера услуг связи. Ошибка в системе привела к нереально завышенной сумме в счете за услуги компании. «Под прицелом» возмущенного клиента оказывается менеджер, который всего-навсего агент этой компании. Сначала кричит клиент, потом ему в ответ кричит менеджер: «Да что вы тут разорались! Я, что ли, вам эти квитанции печатаю?!» Тут нужно качество, которое часто называют «стрессоустойчивость». На самом деле это способность отделить эмоции клиента от себя: «Он сейчас не про меня кричит, он про ошибку в счете кричит». И тогда озлобленному клиенту можно спокойно сказать: «Я понимаю ваши эмоции. Я бы на вашем месте тоже чувствовала возмущение. Если произошла ошибка, компания ее устранит. Я здесь, чтобы вам помочь».

> *Частая ошибка — принимать на свой личный счет эмоцию, которая вообще-то предназначалась ситуации.*

Итак, как не «подхватить» эмоцию ребенка, не начать истерить в ответ на его истерику?

Напомните себе: «Это его эмоции. Он имеет право на любые эмоции».

==Отзеркальте ему его эмоцию.== «Я вижу, что ты топаешь ногами. Ты очень громко кричишь. Наверное, ты сейчас злишься. Я понимаю, что ты хочешь остаться на игровой площадке. Но мы сейчас идем домой». Этим мы не только отделяем себя от эмоции ребенка, но и развиваем его эмоциональный интеллект.

Озвучивая ребенку его эмоции и способ выражения, мы даем ему возможность взглянуть на себя со стороны.

> *«Я называю ребенку его эмоции, но это не помогает, он не перестает плакать».*

Ох, опять эта надежда, что существует какое-то волшебное слово, после которого ребенок прекратит нежелательное поведение. Примерьте на себя ситуацию. Вы в печали. Вам сказали: «Я вижу, что ты в печали». После этих слов вы прекратите печалиться? Скорее всего, нет. Мы проговариваем эмоции не для того, чтобы ребенок перестал их проявлять. Мы так показываем ребенку, что видим и понимаем его эмоции.

> *«Я очень подвержена эмоциональному заражению. Заметила за собой, что могу заразиться эмоцией постороннего человека, рядом с которым в данный момент нахожусь. Например, в очереди на почте я спокойно жду, пока рядом не оказывается раздраженный человек».*

В этом случае попробуйте представлять некую плотную прозрачную стенку между вами и раздраженным человеком. Как будто вы наблюдаете за ним, а он по ту сторону экрана. Раздражение героев фильма вам ведь не передается?

КАК НЕ ДОПУСТИТЬ ИСТЕРИКУ

Это скорее даже не именно про истерику, когда ребенок падает на пол, бьет руками, ногами, а бывает, что и головой, а про любой громкий детский плач, вызванный двумя причинами: «Хочу!» или «Не хочу!», который трудно выдержать взрослой психике.

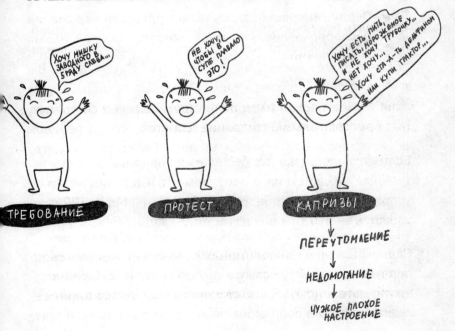

Такой плач я делю на три типа: капризы, требования, протест. Критерием выступает осознанность ребенком своего желания.

- ✔ Если ребенок точно знает, чего он хочет, и плачем добивается, чтобы ему это предоставили, — это требование.
- ✔ Если ребенок точно знает, чего он не хочет, — это протест.
- ✔ Если ребенок не знает, чего хочет, если он ничего не хочет, его просто все раздражает, — это капризы.

Причины, по которой «капризка» посещает ребенка:

- ✔ Переутомление (к этому может привести нарушение распорядка дня, смена обстановки, обилие новых впечатлений).
- ✔ Недомогание.
- ✔ Чужое плохое настроение (дети хорошо считывают эмоциональное состояние близких).

Если это капризы, то бесполезно оказывать воспитательные воздействия в этот момент. Надо постараться успокоить себя, успокоить ребенка, накормить, спать уложить — что там по ситуации.

Сашке было два с половиной года, когда он закатил свою первую и, пожалуй, самую яркую истерику. Случилось это в магазине ИКЕА. Детский отдел. Деревянная железная дорога в собранном виде прибита, как экспонат, к вертикальному щиту. Сашка хочет яркие деревянные паровозики. Я подаю ему коробку с паровозиками, но Сашка хочет именно те, прибитые гвоздями. Объясняю, что те — не отрываются. Даю Сашке самому попробовать оторвать от стены приколоченный экспонат. Снова предлагаю паровозики в коробке. Но Сашка хочет именно паровозики со стены. Падает в истерике на пол. Поднимаю и сажаю его в тележку, надеясь, что сейчас быстро докачу орущего сына до кассы, оплачу выбранный товар, а потом переключу внимание сына с истерики на мороженое. Он, продолжая орать, выгибается и пытается вылезти из тележки, швыряет на пол паровозики в коробке. И в этот момент посторонняя женщина начинает вопить в мой адрес: «Что за мать?! У ребенка истерика!» (Ну конечно, а то я без нее не заметила…) Придерживая Сашку в тележке, выруливаю на финишную прямую. Странная женщина преграждает мне путь. Видимо, чтобы я могла дослушать ее тираду: «Понарожают, а воспитывать не умеют!» Анализирую ситуацию. Если я сейчас вступлю с ней в полемику, то уже не смогу сохранять спокойствие: риск эмоционального заражения слишком высок. Двух орущих моя психика не выдержит. В результате я удаляюсь от женщины, бросив тележку с товаром. Сашка выгибается у меня в руках, бьет ногами. Покидаю магазин, сажусь на ближайшую лавочку, беру ребенка на колени. Одной рукой, обнимая,

> Прием «с глаз долой — из сердца вон» очень эффективен для предупреждения истерики-требования «Хочу то, чего нельзя».

фиксирую Сашкины руки, второй рукой фиксирую ноги. И начинаю его тихонько покачивать. Через две минуты Сашка уснул. Это была моя ошибка — ехать с ребенком в магазин во время дневного сна. Если бы он не был переутомлен, мы бы с ним смогли спокойно договориться. Лучше всего получается справляться с истериками у тех, кто их просто не провоцирует. Если бы у меня хватило ума объехать отдел игрушек, Сашка не увидел бы паровозик.

==Прием «с глаз долой — из сердца вон» очень эффективен для предупреждения истерики-требования «Хочу то, чего нельзя».== Убираем с глаз ребенка то, что ему ==нельзя брать.== Чем меньше ребенок, тем настоятельней я рекомендую соблюдать это правило. Вспоминаю, как я водила из садика своего двухлетнего сына более длинной дорогой, но зато нам на пути не встречались провокаторы: качели, ларьки с конфетами и магазин игрушек.

* * *

— Как объяснить дочери, что сладкое нельзя? У нее аллергия. Мы ей объясняем, говорим, что животик заболит, а она все равно кричит и требует.

— Сколько лет дочери?

— Два с половиной.

— Почему бы просто не убрать из дома сладкое? Не будет соблазна — не будет и слезных требований.

— Муж не может без сладкого. От конфет он готов отказаться, но ему надо, чтобы дома были печенье и вафли. Да и я тоже их люблю.

Я в красках представила картину: маленькая девочка в слезах наблюдает, как папа отправляет себе в рот одну вафлю за другой. Вообще странно, сами взрослые не готовы отказаться, но почему-то ждут, что двухлетняя дочь легко откажется от сладкого. Можно, конечно, и дальше объяснять ребенку, что ей сладкое нельзя, а маме с папой можно. Рано или поздно она примет этот факт. Это если хватает сил выдерживать ее плач. А можно просто не провоцировать. Есть вафли, когда дочь спит, например.

Можно еще в этой ситуации использовать прием «*Переключение внимания*». Предложить вместо запрещенной вафли разрешенное лакомство. Сработает, если продукт действительно воспринимается ребенком как лакомство, если появляется внезапно, как приятный сюрприз, и если «м-м-м, как тебе везет, а вот папе такое нельзя».

«Переключение внимания» особенно эффективно в применении с малышами. Чем меньше ребенок, тем действенней прием. Показываем ребенку новый яркий раздражитель, обещаем другую, более интересную деятельность, отвлекая от того, что нельзя брать. Внимание с возрастом становится все более устойчивым, соответственно, переключать все сложнее.

Для того чтобы всегда было на что переключить внимание, хорошо бы иметь запас «антикризисных игрушек», к которым у ребенка нет доступа. Это могут быть небольшие игрушки с заводным механизмом. Игрушка, которая сама движется, легко привлекает внимание. На прогулку в детском саду в период работы воспитателем я обычно брала мыльные пузыри и надувные шарики. Почему-то всегда срабатывало. В ситуации, когда на двадцать детей десять совочков, плач «хочу этот совок, а он не отдает» практически неизбежен. Но стоило сказать «Смотрите, что у меня есть!» и начать надувать пузыри, сразу образовывалось несколько никому не нужных совочков.

Есть еще прием предупреждения истерики: «*Условное соглашение*». Формула такая: «Да, конечно, только потом» или «Да, но…»

МАМА И ДЕТИ

«Да, конечно, он даст тебе совочек. Сейчас немного покопает, а потом тебе даст» Это фраза воспринимается с меньшим эмоциональным всплеском, чем «Нет, он первый взял». Когда ребенок слышит «нет», у него начинается протест, и все последующие доводы от него отскакивают. Когда он слышит «да», есть шанс договориться.

«Да, конечно, мы будем играть, только сначала чуть-чуть поспим, а потом будем играть».

«Да, я понимаю, что ты хочешь еще гулять, но уже пора возвращаться. Давай подумаем, чем интересным дома займемся?»

Ребенку важно, что его услышали, что его поняли и что с ним согласились.

«Да, я понимаю, что ты хочешь компот прямо сейчас. Но он еще очень-очень горячий. Давай вместе подуем на него».

«Да, я понимаю, что тебе хочется зайти в магазин, но сегодня совсем-совсем некогда. Давай завтра».

(На всякий случай напомню, что обещания, данные ребенку, необходимо выполнять. Неправильно обещать что-то, что вы не собираетесь делать, только для того, чтобы прямо сейчас ребенок не плакал.)

Прием не универсальный, не всегда и не со всеми детьми срабатывает. Но может быть, вам когда-нибудь пригодится.

Много слез бывает, когда ребенок увлечен игрой, а взрослым надо по какой-то причине эту игру прервать. То ли обедать пора, то ли домой идти, то ли спать.

Мгновенно прекратить игру бывает сложно, и здесь подойдет *прием «Предупреждение»*.

Ребенка лучше предупредить заранее, дать время закончить, помочь довести сюжет игры до логического завершения. Чтобы пирамидка была собрана, паровозик успел закончить свой маршрут, все феечки благополучно вернулись в свои кроватки, а в поединке роботов определился победитель. Нам ведь, взрослым, тоже бывает сложно резко переключиться с одного вида деятельности на другой. Необходимо какое-то время, чтобы поставить дело на паузу, доведя до логической точки. Дочитать главу, дописать письмо, досмотреть новостной сюжет, закончить уборку. Понятно, что если случится что-то экстренное, мы все бросим и побежим. Но это будет стресс. Для ребенка резкое переключение на другую деятельность — это тоже стресс. На стресс он реагирует слезами. Если не случилось ничего экстренного, считаю возможным проявить уважение к деятельности ребенка, помочь завершить дело, которым он в данный момент занят.

Со старшими детьми этот прием тоже работает. Был период, когда я очень сильно раздражалась на то, что приходится долго ждать детей к столу, звать по нескольку раз. Прибегали обычно после ультиматума: «Если сей-

час не придете — кормить не буду!» Однажды в гостях у мамы я сама оказалась в роли такого ребенка. Мама позвала к столу, а мне было очень важно дописать главу, пока мысль не вылетела. Я так увлеклась процессом завершения, что очнулась только на вопросе: «Почти остыло. Тебе подогреть? Или уже в холодильник убрать?» С тех пор я стала с детьми договариваться, когда (во сколько) ужинаем, чтобы они к этому времени старались все дела завершить.

Прием «Перетаскивание». Часть игровой ситуации перетаскиваем в новую обстановку. Чтобы накормить юного строителя, вместо «Оставь кубики, пошли есть суп» можно объявить, что у бригады обеденный перерыв. А если хотите вывести гулять ребенка, который из подушек сооружает пещеру для динозавров, предложить ему накормить травоядных свежей зеленью.

> Когда ребенок слышит «нет», у него начинается протест, и все последующие доводы от него отскакивают. Когда он слышит «да», есть шанс договориться.

Прием «Альтернативный вопрос». Этот прием встречается во всех учебниках по продажам и переговорам. И считается самым примитивным. Его еще называют «выбор без выбора».

Объясняю. Взрослый принимает решение, но предлагает ребенку выбрать сопутствующие условия: «Мы возьмем на прогулку мяч или велосипед?» Работает это так: ребенок вопросом включается в выбор и при этом автоматически соглашается с решением. «Ты сначала соберешь машинки или солдатиков?» — ключевое слово здесь «соберешь». Правда, работает прием недолго. От того возраста, когда ребенок способен сделать выбор, до того, когда он способен отклонить оба варианта. И тогда мама услышит: «Я не хочу сегодня гулять!», «Я не буду ничего собирать!» Вот тогда мы радуемся, что ребенок вырос, и без заигрываний ставим его перед фактом: «Я так решила, мы сейчас выходим на улицу». Значит, пришло время учиться выдерживать фрустрацию.

Но есть и еще одна стадия взаимодействия ребенка с этим приемом: когда ребенок использует его против вас. Будьте готовы услышать: «Мама, выбирай, ты мне купишь пони или единорога», «Мама, выбирай, я сейчас съем одну конфету или две».

Прием «Подмена понятий». Классический пример из известного кинофильма: «Завтрак в детском саду отменяется! Вместо завтрака летим в космос! Взяли космический инструмент!»

Использовать прием хорошо в возрасте примерно трех лет. Это такой милый возраст, когда ребенок очень часто говорит «Нет!» и «Не буду!», отстаивая свое право на собственное мнение. Через «нет» он отделяет себя от взрослых, чувствует себя отдельной личностью. («Если я говорю "нет" маме, значит, я не мама».) Почувствовать автономию настолько важно, что он может говорить «нет», даже если в принципе согласен или очень, очень хочет. Но еще больше он хочет сказать «нет».

Представьте детский сад и целую группу «неток»-трехлеток. На прогулку все равно вывести надо всех, за стол усадить всех и потом в кровать уложить тоже всех, несмотря на их «нет»...

— Нет! Я не буду надевать ботинки!

— Хорошо, давай тогда они сами на твои ножки прыгнут! (Интонация эмоционально-игривая.) Ботиночки разбегаются, правый обгоняет левый и – оп! — запрыгивает на ножку!

— Нет, я не буду кушать!

ПОДМЕНА ПОНЯТИЙ

— Хорошо, кушать не будем. Давай просто посидим за столом, посмотрим, как ребятки едят… Смотри, в супе макарошки плавают! Давай их ловить.

Ложкой вылавливаем по очереди все макароны (естественно, отправляем в рот). А потом ловим картошку… Можно назвать обед рыбалкой — подменили одно понятие на другое, и цель достигнута.

Примечание для тех, кто сомневается в этичности применения этого приема, считая его обманом, а детей обманывать нехорошо. Конечно, обманывать нехорошо, и не только детей. Только в данном случае это не обман, это игра. Игра — ведущий вид деятельности ребенка. Для ребенка естественно играть, поэтому он с гораздо большим энтузиазмом вовлечется в ту деятельность, которая представлена как игра. Это подстройка под картину мира ребенка, а не обман. Обман — это когда взрослый говорит: «Съешь суп, я тебе конфетку дам», а потом: «Ой, а конфетки нет, убежала».

— Нет! Я не буду спать!

— Хорошо, не спи. Спать не будем. Будем просто лежать на кроватке и ждать, когда придет мама.

Ребенок соглашается, а через пять минут засыпает, потому что спать на самом деле он хочет… Но он «не спал» в садике. Он так «ждал маму».

Или так:

— Хорошо, можешь не спать. Только помоги зайке уснуть. Зайка хочет спать, но один засыпать боится. Ты зайку обними и полежи с ним рядом. Покажи зайке, как нужно глазки закрывать.

Через пять минут ребенок спит, а выполнивший свою миссию заяц валяется на полу под кроватью.

* * *

— Нет! Я не буду раздеваться!

— Хорошо, не раздевайся. Не надо. Ложись так. Давай только животик освободим. Животику надо отдохнуть от резиночек и пуговок на штанах. Пусть животик отдохнет, штанишки снимем, а раздеваться не будем.

* * *

— Нет! Я не пойду гулять!

— Хорошо. Гулять сегодня не пойдем. Мы пойдем искать клад! У тебя есть лопатка? Бери лопату и пошли скорей, пока другая группа клад не выкопала.

* * *

— Мама, вставай! Вставай! Пошли играть!

А мама не то что играть — глаз открыть не может.

На мольбы: «Давай еще пять минуточек полежим» — ребенок отвечает бойким нетерпеливым отказом.

Тут приходит спасительная идея:

— Давай играть в медведей. Я – мама-медведь, а ты мой медвежонок. Это наша берлога. У нас зимняя спячка.

Получилось, кстати, даже не пять минут, а существенно дольше. Затрудняюсь сказать, сколько времени прошло, прежде чем я услышала тихое: «Мама, мне что-то уже надоело в медведей играть», но глаза открылись без всякого усилия.

Прием тоже работает недолго. Но не стоит расстраиваться, если ребенок этот прием перерос. Это значит, он уже достаточно большой, чтобы встретиться с реальностью, в которой родители могут без всяких заигрываний потребовать от ребенка что-то сделать.

Все изложенные приемы можно применять в комплексе, я вам это продемонстрирую на примере мытья головы трехлетнему ребенку.

КАК ПОМЫТЬ РЕБЕНКУ ГОЛОВУ БЕЗ СЛЕЗ

— Санька, пойдем мыться!
— Я не буду мыться!
— Ладно, пойдем купаться.
— Ура! Купаться!

Надо быть очень внимательной к словам. Для меня эти два слова обозначают один и тот же процесс, а у Саньки, видимо, всплывает совершенно разный ассоциативный ряд.

Сашка уже ванне вместе с десятком машин. Я подключаюсь к его игре, прихватив экскаватор. У экскаватора очень важная миссия: намочить Сашкину голову. К воде, льющейся из ковша экскаватора, Сашка лоялен. Главное, сначала предупредить, что сейчас экскаватор поливать будет. Ибо ничего нельзя делать внезапно. У ребенка должна быть возможность настроиться на последующий процесс. Это я по себе знаю. Я ведь, когда голову мою, внутренне уже настроена на водные процедуры. А вот если меня кто-то внезапно обольет, скажем, в процессе чтения, я, пожалуй, дико заору...

— О! Новый шампунь! — начинаю я следующий эмоциональный заход.

Открываю, нюхаю и закатываю глаза от удовольствия:

— Он пахнет желтым ананасом.

Это архиважное для Сашки свойство, что ананас именно желтый. Все-таки любимый цвет.

Потом я, заговорщицки подмигивая, словно это важный секрет, обращаюсь к ребенку:

— Если капельку капнуть тебе на волосы, то ты тоже будешь пахнуть желтым ананасом.

На маленькую капельку Сашка легко соглашается. «Капелька на волосы» — это ведь совсем не то же самое, что «помыть голову».

Делаю на Сашкиной голове пушистые облака из пены и показываю ему это произведение в зеркале. Он хохочет. Из намыленных волос скручиваю рожки, как у чертика. И подношу зеркало. Сашка опять хохочет. Он еще в том нежном возрасте, когда с удовольствием хохочут над всякими глупостями взрослых. Я успеваю сфотографировать чертенка. (Потом можно будет, показывая фотографию, предлагать «пойдем поиграем» вместо «пойдем мыть голову».)

— Как ты хочешь смывать облака: дождиком из душа или из кружки?

Психологически просчитанная фраза. Во-первых, сразу поставила перед фактом, что смывать все-таки будем. Во-вторых, назвала «облака», а не «мыло» или «шампунь», — это продолжение игры, и я обошлась без слов, которые могут вызвать у Саньки негатив. В-третьих, со словом «хочешь» предложила сделать выбор: вроде как все, что происходит, — это исключительно по Санькиному желанию.

> Ничего нельзя делать внезапно. У ребенка должна быть возможность настроиться на последующий процесс.

Санька захотел, чтоб его полили из кружки. Конечно же из желтой.

Внезапно на голову лить нельзя. Надо ребенка подготовить. И я готовлю.

— Сейчас мы с тобой будем нырять по команде. Ныряем! — Одной рукой прикрываю его глаза, другой поливаю.

Даю возможность вдохнуть.

— Еще ныряем!

— Все! — командует Сашка.

А я вижу, что не все, пена осталась, но соглашаюсь. Условно.

— Да, конечно, все. Еще три раза нырнем, и все. Давай громко считать!

Сашка гордится умением считать и поэтому ведется. Воодушевленно считая, доходим до пяти, прежде чем сын решает остановиться.

Цель достигнута. Голова вымыта.

— Классно искупались! — резюмирую я.

— Да, классно! — соглашается Сашка.

Прекрасное было время. Тогда Сашку еще можно было на все уговорить. Стоило только представить требуемые действия как увлекательную игру, рассмешить и сделать вид, что ситуацией управляет он сам.

ЕСЛИ ИСТЕРИКА НАЧАЛАСЬ

Помогает справиться с истерикой прежде всего правильное отношение к этому явлению.

Сначала скажу о неправильном — так будет легче понять правильное.

Неправильное отношение — это две крайности. Одна крайность: игнорировать плач ребенка, обесценивая его эмоции. Другая: не выдерживать плач, считать, что ребенок не должен плакать, потому что это очень вредно; любыми способами стараться прекратить плач, впадать в панику, если прекратить не получается. Есть еще вариации: подавлять плач, запрещать плакать, наказывать за истерику.

А как правильно? «Мой ребенок имеет право на любые эмоции. Если я не могу или не готова изменить ситуацию, вызвавшую слезы, я помогу ему прожить эмоции» — вот так.

Неправильно за любым плачем видеть манипуляцию. «Дети такие манипуляторы», — говорят некоторые взрослые и подозревают в манипуляции даже двухлетнего ребенка. Да что там, даже трехмесячного: «Я не хочу поддаваться на манипуляции ребенка. Ему три месяца, он уже очень хитрый, начинает истерить, потому что хочет заснуть именно на руках». На форумах находятся единомышленницы: «У нас такой же, аж визжит, если на ручки не взять, но он сам успокаивается, когда видит, что шантаж не прошел». Шантаж? В три месяца?! Вы серьезно? Младенец чувствует дискомфорт вдали от мамы и плачем сообщает об этом. Это не манипуляция. Это потребность. Замолкает, если потребность удовлетворена, или от бессилия.

«Наш бабушкой так манипулирует! Только зареврет, она сразу все отдать готова». Но ребенок просто искренен в проявлении своих эмоций. Он правда очень сильно расстроился, когда бабушка не разрешила ему взять свой телефон, и поэтому заревел. А то, что бабушка все-таки дала телефон после десяти минут плача, это не ребенок «выревел», а бабушка не выдержала его эмоций. Если такая последовательность повторится много раз (хочу — встречаюсь с отказом — реву — получаю то, что хотел), возможно, ребенок отследит причинно-следственную связь и будет уже реветь «прицельно» и до достижения результата. Но не нужно видеть в каждом плаче манипуляцию. И, кстати, не нужно бояться пойти на уступку.

«Я не знаю, как мне себя вести с дочкой. Часто бывает так: я скажу "нет", она начинает плакать. Я вижу, что она расстроилась, мне ее жалко. Я начинаю думать: а почему

"нет"? Может быть, все-таки "да", но при определенных условиях? Я же не знала, что она так сильно хочет. Я готова уступить, но боюсь, что такое поведение закрепится и она начнет плачем манипулировать. Вот сегодня, например, она в окно увидела, что друг во дворе гуляет, и кричит: "Пойдем гулять!" Я говорю: "Нет. Мне суп сначала сварить надо". Она рыдать начинает. Я же не знала, что там друг гуляет. Я же не знала, что ей настолько важно пойти гулять именно сейчас. Я же могу суп попозже сварить, после прогулки. В этот момент я разрываюсь. Одна часть меня, в образе строгой учительницы, говорит, что нельзя идти на поводу у ребенка, что я таким образом приучу ее добиваться желаемого слезами. А другая давит на жалость: "Посмотри, как твой ребенок страдает. Тебе трудно, что ли, гулять выйти?"»

Когда возникают сложности с принятием решения, как поступить с ребенком, я часто советую примерить эту ситуацию на себя. Как бы вы хотели, чтобы в похожей ситуации поступили с вами?

Жена говорит мужу:

— Пойдем со мной завтра в гости.

Муж говорит:

— Нет.

> Неправильно за любым плачем видеть манипуляцию.

(Подробностей он не знает. Просто он в принципе не любит ходить в гости.)

У жены слезы льются. Обидно ей, она в гостях будет чувствовать себя одинокой. Для нее очень важно, чтобы муж составил ей компанию. Потому что все будут парами, а она одна.

Как, по-вашему, должен отреагировать муж?

Сказать: «Дорогая, не плачь, я не знал, что это для тебя так важно. Хорошо, в этот раз я схожу с тобой».

Или быть принципиальным, остаться на своей позиции, чтобы не закреплять нежелательное поведение супруги? А то вдруг у нее войдет в привычку слезами своего добиваться…

Чтобы не разрываться на части от внутренних противоречий, постарайтесь в разговоре с ребенком не отвечать «нет» на автомате. Пусть отказ будет взвешенным решением. Пусть будет «нет», когда уже точно «нет» ни при каких обстоятельствах. На автомате можно отвечать что-то вроде «сейчас подумаю»:

— Мама, включи телевизор!

— Сейчас подумаю.

Подумать удобнее, отталкиваясь от кого-то (или от чего-то). В данном случае — от ребенка. Задать вопрос, проясняющий потребности:

— А зачем тебе? Что ты хочешь там посмотреть?

Одно дело, если ребенок хочет посмотреть совершенно определенный мультфильм, который вот-вот начнется. Другое дело, если он собрался смотреть «что-нибудь», потому что скучно. Потребность в развлечении можно удовлетворить без телевизора.

* * *

— Мама, дай печенье!

— Сейчас подумаю... Вообще-то сейчас обед будет. Ты проголодалась?

— Нет, мы с Юлей играем, у нас куклы в гости пришли, их надо угощать.

— Приглашайте ваших кукол в ресторан на обед. Сейчас для вас всех стол накрою.

* * *

— Мама, дай!

Малыш тянется за ножницами. Первый импульс запретить, не дать, оградить от опасности. А если подумать? У ребенка интерес к предмету продержится минуты три, потом можно переключить его внимание на что-то другое. Может быть, дать ему потрогать ножницы, но внимательно следить? В этом случае знакомство ребенка с новым предметом пройдет безопасно.

* * *

Если все-таки «нет» — осознанное, взвешенное взрослое «нет» — вызывает бурные эмоции ребенка, задача взрослого их «контейнировать»: подставить воображаемый контейнер и терпеливо ждать, когда все слезы в него перельются и ребенок освободится от бушующих внутри страстей. Как вам такая метафора? Готовы подставить контейнер под детские эмоции?

Метафора игнорирования: взрослый, плотно закрыв воображаемый контейнер крышкой, убегает от ребенка (послание: «Плачь куда-нибудь сам себе, не нагружай меня»).

Метафора «невыдерживания»: взрослый держит в руках контейнер, но контейнер очень мал, взрослый в панике, что сейчас слезы перельются через край и затопят его самого («Пожалуйста, перестань! Мы все утонем!»).

Будьте готовы к тому, что никакие ваши попытки успокоить ребенка не приведут к успеху. Ему просто надо выплакать все эмоции. Вы можете даже при этом заниматься своими делами. Особенно если ребенок сердит, обижен и отталкивает вас от себя. Чем в таком случае это отличается от игнорирования? Участием, вниманием. Даже если внешне поведение игнорирующего и контейнирующего выглядят одинаково, состояние разное, отношение к происходящему разное. При игнорировании взрослый транслирует ребенку: «Я тебя не вижу. Тебя нет. Ты для меня появишься, только когда успокоишься. То, что сейчас с тобой происходит, — недопустимое поведение». При «контейнировании» взрослый дает понять: «Я вижу тебя, я вижу, что с тобой происходит. Я рядом. Я готов помочь. То, что с тобой происходит, — это нормально». Да, взрослый может устанавливать границы. Говорить: «Нет, это нельзя. Нет, это не сейчас». Ребенок может испытывать эмоции по этому поводу. Это нормально.

Бывает сложно выдерживать детский плач еще из тревоги, что ребенок привыкнет и дальше так и будет реагировать на неприятности. Из идеи, что мужчины не плачут, плакать запрещают даже двухлетним мальчикам. Во-первых, мужчины тоже плачут, только редко. И слезы свои прячут, потому что это не приветствуется в социуме. Во-вторых, мальчик будет расти, и чем старше он будет становиться, тем реже он будет плакать даже без специальных воспитательных усилий. Способности эмоционального регулирования будут развиваться. Проверено выросшими мальчиками.

Что оплакивает малыш?

Когда ребенок, встретившись с отказом, впадает в истерику, многие взрослые оценивают это как психическую атаку с целью прорвать оборону. Бывают, конечно, случаи, когда ребенок плачет для кого-то и для чего-то. Но не все так однозначно. Чаще все-таки это слезы «потому что».

Потому что мир так несовершенен и в нем приходится сталкиваться с ограничением.

Потому что я не всемогущ, как казалось ранее, когда по моему писку приходило все, что мне нужно. («Все, что нужно» — тогда это была мамина грудь. Но потребности выросли, и теперь они не все удовлетворяются. И принимать это очень горько.)

Потому что, как оказалось, я не центр Вселенной, оказывается, у других людей могут быть свои потребности.

Потому что (о, ужас!), оказывается, я и мама — мы можем хотеть разного. И с этим ничего нельзя поделать. Какая горькая правда жизни!

Слезы гнева, слезы отчаяния переходят в печаль принятия. Финальные всхлипывания. Уставший ребенок.

Проживание бессилия — энергозатратный процесс. Но без этого не взрослеют.

СЛЕЗЫ ПОРАЖЕНИЯ

— Нет, не клади сюда эту карточку! Нет!

Чем ближе к финалу, тем эмоциональнее проходят настольные игры.

— Почему это вдруг? Сейчас мой ход. Куда хочу, туда хожу.

— Я тогда играть не буду!

— Ты всегда играть перестаешь, когда чувствуешь, что проигрываешь! Если ты сейчас перестанешь играть, тогда будем считать, что ты проиграл!

— Нет, я не проиграл! Я не проиграл! — кричит младший и стремительно перемешивает все карточки, делая невозможным продолжение игры. — Всё! Начинаем играть сначала!

— Я не буду больше с тобой играть! Ты нечестно играешь!

— Честно! Давай сначала!

— Я буду играть сначала, только если ты признаешь, что эту игру проиграл! Мне неинтересно играть, если ты мне не даешь выигрывать!

— Я не проиграл! Давай еще играть!

Крик, слезы в детской. Появляется соблазн вмешаться, объявить ничью, уговорить старшего на еще одну партию, уговорить поддаться, обеспечив младшему победу, лишь бы стало тихо. Только в отдаленной перспективе это совсем не полезная практика. Надо уметь проигрывать. Это значит, уметь проживать поражение. Без опыта поражений эта способность не появляется.

Поддаваться тоже, конечно, можно. Не могу сказать, что это категорически неверное решение. Но поддаваться имеет смысл не тишины ради, а чтобы поддержать интерес к игре в случае череды проигрышей. Чтобы ситуация успеха мотивировала продолжать играть. Я так училась в шахматы играть. Когда я только начинала, то выигрывала у папы через раз. Потом выигрывала в одном случае из трех. Потом и того реже. Чем лучше становились мои игровые навыки, тем реже я выигрывала у папы. Зато стало получаться выигрывать у брата.

В проживании поражения обычно сначала идет бурная стадия отрицания: «Нет, я не проиграл! Нет, игра еще не закончилась! Дай я перехожу!» Помощь на этой стадии заключается в столкновении с реальностью: «Да, это так, ты проиграл».

Это провоцирует переход на вторую стадию, не менее бурную, — стадию гнева. Гнев может быть направлен на других игроков: «Ты нечестно играл», на судью или ведущего: «Ты неправильно судил!», на саму игру: «Дурацкая игра!». Помощь на этой стадии может быть в озвучивании эмоций: «Я вижу, что ты злишься. Многие не любят проигрывать, но время от времени всем приходится быть в роли проигравшего».

Потом стадия, которую я называю стадией «если бы». «Я бы выиграл, если бы у меня был первый ход, если бы мне попались другие карточки, если бы ты так громко не смеялся и не отвлекал меня, если бы кот не ходил по игровому полю». На этой стадии можно просто поддакивать: «Да, наверное, вполне возможно». Если ребенок в состоянии вести конструктивный диалог, можно обсуждать, что из названных им «если бы» действительно могло повлиять на результат игры, что было несущественно, и как изменить игровую стратегию, чтобы победить.

> Мы не можем уберечь ребенка от столкновения с поражением.

Завершающая стадия: печаль принятия. Финальные всхлипывания. Можно обнимать ребенка до полного успокоения. Можно оставить его наедине со своими чувствами. Можно философски подвести итог: «Вступая в игру, надейся на выигрыш и будь готов к проигрышу». Я не могу сказать, какой из предложенных вариантов поведения более правильный. Вы можете это почувствовать, глядя на своего ребенка.

Мы не можем уберечь ребенка от столкновения с поражением. Даже если мы не будем дома играть в игры или всегда будем подыгрывать ему. Рано или поздно он подрастет и выйдет в социум: в садик, в школу, в спортивную секцию, просто во двор. А там неформальные состязания «кто быстрее бегает», «кто быстрей оденется», «кто лучше учится», «кто больше раз подтянется». А еще командные игры, конкурсы, соревнования, олимпиады. Неправильно будет отрицать явные факты и убеждать: «Ты все равно самый лучший!» Неправильно будет подыгрывать ему на стадии гнева: «Это несправедливо! Тебя засудили!» Неправильно будет успокаивать словами: «В следующий раз ты обязательно будешь первым», потому что в следующий раз тоже остается шанс на поражение. Неправильно все, что укрепляет убежденность ребенка в том, что он самый лучший и должен быть самым первым. Некоторые ошибочно считают, что так формируется высокая самооценка. Нет, так формируется невроз. Здоровая самооценка — это не про «я лучший», а про «я хороший, я ценный», и эта ценность вне иерархии. «Я хороший, даже если выигрывает кто-то другой».

КОГДА И КАК МОЖНО СРАВНИВАТЬ

Рядом с темой выигрыша/проигрыша очень близко стоит тема сравнения. Сравнение — это такое небольшое, не явное соревнование, проходящее в чьей-то голове.

Полагаю, что вы уже сотню раз читали, что сравнивать детей нельзя. А давайте я расскажу, как можно сравнивать. Я, признаться, тоже часто даю совет: «Не сравнивайте», но не очень представляю, как это реализовать на практике. Сравнение — это привычная мыслительная операция. Мы постоянно сравниваем. Где цены выгоднее, где очередь быстрее движется, где условия более комфортные, где обслуживание более вежливое, где наши шансы выше. Сравнение разных фактов помогает нам ориентироваться в этой жизни.

Смотрю на своего ребенка на линейке первоклассников, и мозг как-то сам по себе сравнивает его с остальными по росту. Мой самый маленький в классе? Нет, не самый, есть мальчики еще ниже ростом. Вот у этой девочки самые большие банты. А у этой самый большой букет. Первоклашки выходят читать стихи. Автоматически происходит сравнение: этот громче всех читает, а у этого самая выразительная интонация. При этом сохраняется совершенно ровное эмоциональное состояние. Непроизвольное сравнение — оно просто присутствует и не несет никакого вреда. Так в роддоме смотришь на новорожденных и сравниваешь, у кого щеки круглее, у кого волосы длиннее — а свой все равно милее всех. Из состояния «свой все равно милее всех» сравнивать безопасно. Травмирует сравнение из состояния зависти и сопутствующих негативных эмоций.

Постараюсь показать вам на примерах, что страшно не само по себе сравнение, а состояние того, кто сравнивает, и его мотивация. Одни и те же слова, произносимые из разного состояния, имеют разный эффект.

Если слова, адресованные ребенку, звучат из состояния гнева, с мотивацией унизить, растоптать:

— У тебя худшие оценки в классе! — Это да, страшно и травматично.

А если из состояния безусловной любви, с мотивацией поддержки?

— У тебя худшие оценки в классе. Для меня это странно. Я знаю твой потенциал, я знаю, что ты можешь лучше. Я хочу понять, почему такой результат, в чем сложность. Чем я могу помочь?

Да, это тоже сравнение. Но оно не несет вреда.

* * *

Травматично — из состояния усталости, напряжения, с желанием слить раздражение:

— Смотри, как здорово катается на роликах вон та маленькая девочка! А ты такой большой и постоянно падаешь. Неуклюжий, как слон. Соберись уже!

Безопасно и полезно — из состояния спокойного принятия, с желанием ободрить ребенка, который хочет научиться кататься:

— Смотри, как здорово катается на роликах вон та маленькая девочка. Я думаю, ты скоро научишься так же.

* * *

— Наташа из вашего класса читает сто пятьдесят слов в минуту, а ты только сорок, — говорит мама из состояния злости, с мотивацией обвинения. — Никаких тебе игр больше! Будешь заниматься!

Не будет ребенок заниматься. Будет переживать, что мама его не любит.

МАМА И ДЕТИ

А если оставить это же сравнение, но поменять эмоциональное состояние мамы и мотивацию? Пусть у мамы будет любовь, принятие, интерес и желание поддержать.

— Наташа из вашего класса читает сто пятьдесят слов в минуту, а ты сорок. Пример Наташи показывает, что читать с такой скоростью реально. Ее мама подсказала мне несколько хитрых упражнений на увеличение скорости чтения. Я уверена, что ты тоже так сможешь. Если, конечно, будешь каждый день тренироваться. Хочешь, я стану твоим тренером? А ты моим. Я тоже хочу улучшить свою скорость чтения. Мне будет приятно вместе с тобой тренироваться.

Мотивация здесь не обогнать Наташу, а улучшить собственный результат, чтобы было легче учиться в дальнейшем. Сто пятьдесят — это не планка, которую нужно перепрыгнуть, а просто пример, что это реально.

***

— Владика взяли на олимпиаду по английскому, а тебя нет! Ты хуже знаешь английский! — говорит мама из состояния огорчения, краха собственных надежд и зависти к маме Владика, которой так повезло с сыном.

Мама возложила ответственность за свое эмоциональное благополучие на сына. Сын может уйти в переживание, что не оправдал маминых надежд, или в раздражение, что мама ничего не понимает.

Поменяем мамино состояние. Пусть будет мама, не нагружающая ребенка своими ожиданиями. Про Владика она узнала от сына, а это говорит о том, что он тоже умеет сравнивать.

— Ты расстроился, что Владика взяли на олимпиаду, а тебя нет? Допустим, ты хуже знаешь английский, чем Владик. Но ты знаешь английский лучше, чем половина класса. Знаешь, в жизни всегда по разным критериям кто-то будет обходить тебя, а кто-то отставать. Привыкай в первую очередь спрашивать себя: «Мне достаточно того уровня, на котором я сейчас? Готов ли я трудиться еще больше, чтобы подняться повыше?»

Недостаточно говорить правильные слова. Важно еще иметь правильное состояние. Правильные слова, сказанные из неправильного состояния, все равно не сработают как надо. «Молодец. Бронза — тоже хорошо», — говорит папа, а его взгляд при этом устремлен на мальчика с золотой медалью... И такая в этом взгляде вселенская тоска, что сын мысленно рисует рядом с бронзовой медалью ярлык «неудачник»...

Даже если взрослый вообще не будет ничего говорить, но, исходя из своих ожиданий, будет переживать принесенную из школы четверку как личную трагедию, потому что он убежден: «У хороших родителей дети учатся на «отлично», то это негативно скажется на ребенке. Ребенок поймет состояние без слов, по эмоциям, жестам, по опущенным плечам мамы и тусклому взгляду, когда она смотрит в дневник. Состояние важнее слов.

Локально, внутри своей семьи, легко обойтись без явных сравнений. (Неявные все равно будут. Мама вслух не скажет, а про себя подумает: «А старший в этом возрасте уже читал вовсю».) Но когда ребенок выходит в социум, он обязательно встретится со сравнением. Например, идет в детский сад. И узнает, что кто-то прыгает выше, а кто-то дальше. Что кто-то быстрее одевается, кто-то быстрее бегает, кто лучше рисует. В этот момент педагоги-гуманисты начинают настойчиво напоминать: «Нельзя сравнивать!» А педагоги реалисты и наблюдатели скажут: «ОК, я не буду сравнивать. Но дети сами увидят и сравнят. Потому что они уже доросли до мыслительной операции сравнения и без взрослой помощи определят, кто тут "быстрее, выше, сильнее и больше знает"». И в отличие от взрослых гуманистов дети не будут сей факт замалчивать, а громко победоносно провозгласят: «А я тебя обогнал! Я первый! Ха-ха-ха!» Побежденный расстроенно дуется, или даже рыдает, или агрессивно колотит успешного спринтера.

Сравнения — это нормальная социальная реальность. Так что ребенок этой участи никак не избежит. В школе его будут сравнивать, при приеме на работу будут сравнивать, выбирая, с кем пойти на свидание, будут сравнивать, и сам себя он тоже будет сравнивать. Как он будет проживать ситуацию сравнения? Какие эмоции при этом испытывать? Какие выводы делать? Как выдержит сравнение не в свою пользу?

Так что я рекомендую не бояться сравнений, а учить с ними обходиться. Вырабатывать иммунитет к сравнению. Это не значит, что нужно впасть в другую крайность и начать постоянно сравнивать, но бывают ситуации, когда кто-то другой озвучил свое сравнение или ребенок сам себя с кем-то сравнил — и расстроился. Как ему помочь?

Мы ведь сами себя тоже часто сравниваем, верно? У Маши грудь больше, у Саши машина дороже, Наташа отдыхать ездит чаще, у Даши квартира просторнее... Как взрослый человек реагирует на сравнение? Это зависит от детского опыта. Если в детстве при сравнении родители создавали ощущение никчемности, ненужности, непринятости, то и потом подросший уже не ребенок при сравнении будет впадать в это же состояние. Включатся родительские голоса в его голове.

Но родительские голоса могут быть другими. Поддерживающими, принимающими, ободряющими.

Если в детстве позитивного опыта сравнения не было, то можно создать в своем воображении такого персонажа, который будет поддерживать и ободрять: «Да, это факт. У Маши грудь больше. Но ты больше, чем Машина грудь. Ты целостная, интересная личность. Давай ты будешь воспринимать себя такой, не отвлекаясь на детали». «Да, у Саши машина дороже. Ты можешь купить себе такую же в кредит. Тебе это точно надо или у тебя есть другие приоритетные желания?» «Наташа опять отдыхать поехала. Ты тоже так хочешь? Подумай, что ты можешь и готова изменить в своей жизни, чтобы чаще отдыхать». «Да, это факт, у Даши квартира просторнее. Но ей родители купили, а ты на свою сама заработала. Тебе есть чем гордиться».

> Я рекомендую не бояться сравнений, а учить с ними обходиться. Вырабатывать иммунитет к сравнению.

Сравнивая результаты, не забывайте сравнивать вложенные ресурсы и стартовые возможности. И вот когда у вас во внутреннем психологическом пространстве поселится такой поддерживающий персонаж, вместе с которым вы сможете легко переносить любое сравнение не в свою пользу, этим умением вы сможете поделиться со своим ребенком. Да-да, начинать нужно с себя. Это золотое правило педагогики.

У меня такой персонаж есть, он уже опытный, заматеревший, натренированный собственными детьми:

— А у бабушки пицца вкуснее.

— А Колина мама не боится машину водить.

— С прошлой прической ты как-то моложе выглядела.

— Почему книга Винникотта в три раза дороже твоей? Она настолько лучше?

Самооценка при этом непоколебима как скала. Главное, вовремя опереться на нужного персонажа и вспомнить мантру: «Я есть совершенное уникальное вдохновенное существо». Кстати, можете пользоваться. Или свою придумать.

ДЕТСКИЕ СТРАХИ

Детские страхи съедают много нервных клеток родителей. Особенность детских страхов в том, что в большинстве случаев они иррациональны. Есть вполне рациональный страх — страх высоты. Или страх собак. Их еще как-то можно понять. Но как понять страх открытого шкафа? Еще недавно ребенок спокойно играл, не обращая внимания на шкаф в углу комнаты, но что-то случилось, и теперь малыш кричит от ужаса и убегает всякий раз, когда кто-то при нем открывает дверцы шкафа. Возможно, он что-то себе нафантазировал про этот шкаф, но рассказать не может, потому что в словарном запасе есть только «мама», «папа», «баба», «дай» и многозначное «ка», заменяющее все остальные слова. Триллер про открывающийся шкаф из этих слов сложно составить.

В моей коллекции специфичных детских страхов есть страх кабачка. Это был страх годовалого сынишки моих знакомых. Большой кабачок после сбора летнего урожая переехал в квартиру и почему-то показался малышу очень страшным. Мальчик не заходил на кухню, пока мама не прикрыла кабачок полотенцем. Для эксперимента кабачок перенесли в другую комнату — та же реакция у ребенка. Он не заходил в комнату, если

там лежал неприкрытый кабачок. По этой причине предприимчивые родители очень долго этот кабачок не ели. Это была самая надежная защита от ребенка: если нужно было, чтобы ребенок не заходил в комнату, они просто клали на пороге этой комнаты кабачок. То есть взрослые решили этот страх использовать, а не избавлять от него. Вполне жизнеспособное решение. Ребенок этот страх просто перерос. Кабачки из следующего урожая вызывали у него максимум отвращение, если мама их неудачно приготовила.

Не от всех страхов нужно избавляться. А только от тех, которые мешают. У меня до сих пор есть страх больших животных: лошадей, коров. Когда я бываю в деревне, я стараюсь держаться от них подальше, хотя знаю про разные способы избавления от страха. Другое дело, если бы жизненная ситуация сложилась так, что мне захотелось бы переехать в деревню и завести корову. Тогда да, я бы стала работать со своим страхом. Но пока мне этот страх жить не мешает, я не спешу с ним расставаться.

В моем детстве была очень страшная «избушка Бабы-яги» — старая будка в парке отдыха. Когда-то, еще до моего рождения, в ней сидел кассир и продавал билеты на единственный аттракцион. Потом аттракцион сломался, будка стала не нужна. Чтобы внутрь не проникали хулиганы, окна заколотили досками. От старости доски почернели. Летом воспитатели водили нас в этот парк гулять. Когда мы проходили мимо старой будки с черными окнами, дети эмоционально рассказывали друг другу то, что и так знали все маленькие жители маленького городка: «Тут живет Баба-яга!» Ну, живет себе и живет. Нам она жить в этом городе и играть в этом парке не мешала… Оставьте своему ребенку некоторые страхи, которые ни ему, ни вам ничем не мешают.

Страх собак, например, проявляется по-разному. Если он проявляется в избегании собак, отсутствии желания погладить соседского пса, то с этим можно не работать, многие люди с этим живут. Но если из-за страха ребенок отказывается выходить на улицу, тогда, конечно, с этим нужно что-то делать.

У соседей с первого этажа появилась собака (немецкая овчарка), а у собаки — любимое занятие пугать прохожих, которые идут мимо окон. Сильным и неожиданным лаем собака напугала трехлетнего мальчика. Малыш стал бояться выходить на улицу. Возник страх перед конкретным окном и конкретной собакой.

Чтобы помочь ребенку справиться со страхом, в это можно играть. В три года дети уже могут играть в сюжетно-ролевые игры под руководством взрослого. Можно вырезать окно в коробке, взять фигурки мальчика и собаки. Подружить мальчика с собакой из коробки, пусть они вместе начнут играть. Каждую игру можно начинать со слов: «Однажды мальчик снова пошел гулять. Собака радостным лаем поприветствовала друга». Таким образом происходит переориентация восприятия: собака в окне не пугает, она громко приветствует мальчика. Проходить мимо реального окна с собакой уже не страшно, а любопытно, так как включается ожидание: «Интересно, а сегодня собачка со мной поздоровается?»

Когда у ребенка появляется какой-то страх, в это нужно играть, и чем игра веселее, тем лучше. То, что становится смешным, перестает быть страшным.

Сашка очень боялся звука перфоратора. Соседи делали ремонт, поэтому перфоратор, вонзающийся в стены, приходилось слышать часто. Годовалый ребенок вздрагивал и ревел от ужаса. Мама обнимала, гладила, успокаивала, объясняла: «Это дядя сверлит перфоратором стену». Но на годовалого ребенка такие объяснения не действовали. Неизвестный дядя что-то непонятное делает чем-то непонятным. Когда непонятно — это угроза безопасности. Тогда папа сказал: «Дрр». Смешно сказал. И еще раз сказал «Д-р-р-р!» И пантомимой изобразил, как дядя сверлит стену. Указательный палец, как сверло, и смешные гримасы на лице. У папы получилось рассмешить малыша. Потом они некоторое время еще играли в «перфоратор»: папа говорил «Д-р-р-р!» и щекотал хохочущего Саньку. В следующий сеанс реального перфоратора Сашка вспоминал папу, показывал указательный палец, корчил рожицы и смеялся.

> *Когда у ребенка появляется какой-то страх, в это нужно играть, и чем игра веселее, тем лучше. То, что становится смешным, перестает быть страшным.*

Пугающий визит к стоматологу тоже можно обыграть. Например, придумать сюжет, как врач будет побеждать кариозных монстров, но ребенку перед боем нужно набраться волшебной смелости.

ЧЕГО НЕ НУЖНО ДЕЛАТЬ, КОГДА РЕБЕНКУ СТРАШНО

Не нужно говорить «не бойся». Потому что все равно не поможет. (Нет, правда, вам когда-нибудь удавалось моментально успокаиваться после дружеского совета «успокойся»? Или в ситуации сильного нервного напряжения вам достаточно, чтобы кто-то рядом сказал: «Расслабься»?)

Нельзя игнорировать страх ребенка. Даже если страх совсем нелепый, не стоит отмахиваться: «Перестань выдумывать, этого не бывает». У детей иная реальность. В этой реальности под кроватью живет Баба-яга, а в шкафу — привидение. Отмахиваясь от ребенка, вы теряете его доверие. Страх не исчезает, ребенок просто остается со своими страхами один на один.

Нельзя говорить: «Тут совсем нет ничего страшного». (Да хоть сто раз скажите мне, что рогатая Буренка наидобрейшая, я к ней близко не подойду! Потому что для меня она страшная.) Этими словами мы никак не помогаем ребенку, а еще и обесцениваем его чувства. Реакция ребенка может быть такой: «Меня никто не понимает. Мне не верят».

Когда взрослый говорит: «Тебе показалось. Это вовсе не страшно» — он тем самым учит ребенка отрицать свои чувства. Отрицаемое чувство невозможно проработать. Лучше отзеркалить ребенку его чувства, выслушать, дать поддержку. Только через принятие его чувств мы можем установить контакт с ребенком и тогда сможем помочь ему справиться со страхом: «Да, тебе страшно, мне тоже бывает страшно, давай с этим что-нибудь сделаем»

Не стоит говорить: «Ты же мужчина! Мужчина должен быть сильным и смелым! Настоящие мужчины ничего не боятся!» Во-первых, это явная ложь, потому что мужчины тоже порой испытывают страх. Во-вторых, в этом случае к детскому страху добавляется комплекс неполноценности: «Я испытываю страх там, где его быть не должно. Значит, я неправильный» Бояться он не перестанет, но перестанет говорить об этом с родителями.

Нельзя отмахиваться от детских вопросов. Подробные объяснения — это профилактика от страха. Часто страхи начинаются из-за отсутствия информации или неверного восприятия информации.

Как-то взрослая участница семинара по детской психологии вспоминала свой детский страх, что мама больна и скоро умрет. Страх мучил ее многие годы. А началось все с того дня, когда она увидела маму с замотанной головой и кровавыми подтеками на лбу. На самом деле (она поняла это позже, в школьном возрасте) мама просто красила волосы хной. Маленькая дочка спросила у мамы: «Что это у тебя?» Но маме было недосуг объяснять, она отмахнулась от дочкиного вопроса. И дочка сама за маму придумала страшный ответ о болезни мамы. Если бы у мамы хватило времени и терпения объяснить дочке свой странный внешний вид, девочка не прожила бы несколько лет в страхе за маму.

Я помню, что у меня в детстве появился страх волос. Я пугалась, если где-то на столе видела волос. Мама расспросила меня о причине. Я рассказала, что девочки в садике напугали. Они сказали, что если случайно проглотить волос, он начнет внутри расти, и когда волос заполнит весь живот, человек умрет. Тогда мама достала энциклопедию, и мы долго с ней смотрели строение волоса. Я узнала, что волос выпадает, а волосяная луковица остается, и из нее растет новый волос. Что волос без луковицы не растет. Я успокоилась. Страх исчез.

==Нельзя ругать за страх, осуждать за страх. И уж тем более еще больше запугивать и наказывать.== Переживание страха само по себе негативное чувство, и не стоит усугублять ситуацию.

Поход в поликлинику. Очередь перед кабинетом, где берут кровь из пальца. Процедура многим детям уже знакомая и малоприятная. Знают, что будет больно, побаиваются момента боли. Поглядывают друг на друга, смотрят на родителей.

Из процедурного кабинета раздается очередной детский визг. Один мальчик в очереди начинает хныкать:

— Я боюсь.

Его мама реагирует агрессивно:

— Хватить выть! Ничего страшного!

Мальчик расстроен реакцией мамы и подвывает еще и от обиды.

Мама еще сильнее распаляется:

— Все дети как дети! Один ты трус! Вон как на тебя все смотрят! (Сравнение совсем не из правильного состояния.)

Теперь к эмоциям мальчика добавляется стыд и унижение. Но страх при этом никуда не уходит. Мальчик воет:

— Я туда не пойду?!

Мама начинает запугивать:

— Если не пойдешь, тебя в больницу положат! Будут каждый день уколы колоть! Ты этого хочешь?! Да?! Ты этого хочешь?! Каждый день по десять уколов! — С этими словами мама запихивает ребенка в кабинет.

Дети все притихли, похоже, страшная тетя напугала их больше, чем предстоящая процедура. Родители тоже притихли. Я смотрю на округлившиеся глаза Сашки — в этот момент из кабинета раздается истошный ор и звонкий голос медсестры:

— Да я тебя еще даже не задела!

Следующая очередь — наша…

Я поворачиваюсь к Сашке и пафосно говорю:

— О! Это бесспорно первое место в номинации «самый громкий».

Сашка начинает смеяться. Стратегия «рассмешить» сработала, градус напряжения понизился.

Я продолжаю:

— Тебе его не победить. Громче, чем он, кричать нереально. Будешь пробовать?

— Нет, — отвечает, улыбаясь.

— Но ты можешь победить в номинации «самый смелый», — втягиваю Сашку в игру.

И Сашка играет в самого смелого. Протягивает тете в белом халате палец и комментирует:

— А мне не больно!

Выходит из кабинета очень гордый собой и начинает требовать с меня приз за смелость...

Я подумала, что бы я сделала, если бы Сашка начал в очереди поскуливать от страха. Обнимала бы, гладила и говорила: «Я понимаю, что страшно. Я в твоем возрасте тоже боялась. Я буду с тобой. А потом мы купим тебе приз за мужество». Ведь мужество — это в том числе способность переносить страдания, включая физическую боль. От реакции родителя, от его слов зависит, будет ли ребенок воспринимать себя трусливым или мужественным, трусливым или осторожным. Приз за мужество был у нас частой практикой в дошкольном возрасте. Я тем самым старалась ==переключить фокус внимания== ребенка с предстоящей неприятной процедуры на обсуждение, какой приз он хотел бы получить.

С РЕБЕНКОМ В БОЛЬНИЦЕ

Раз уж речь зашла о медицинских процедурах, считаю нужным уделить этой теме больше внимания. Детская больница — это такое место, где маме нужно втрое больше сил и терпения, чтобы оказывать ребенку нужную ему поддержку.

Отделение челюстно-лицевой хирургии. Дети после операции почти постоянно ноют. Это понятно, им больно, им страшно в незнакомой обстановке, им хочется домой. А мамы реагируют по-разному. Есть мамы поддерживающие. Они гладят, они утешают, они уговаривают. Есть мамы, которые не выносят нытья: «Что ты ноешь?! Никто не ноет, один ты ноешь». (На самом деле другие тоже периодически ноют, но не в данный момент.)

ПАМЯТКА ДЛЯ МАМЫ В БОЛЬНИЦЕ

Соотношение мам поддерживающих и мам критикующих примерно 70/30. В столовой соотношение меняется: даже поддерживающие мамы превращаются в критикующих: «Ешь, кому говорят! Ты издеваешься, что ли?» (Ну да, если ребенок не хочет больничную кашу, значит, он издевается над мамой...)

«Сейчас тетю с уколом позову, если не съешь!» (Тетя с уколом придет сама в положенное время. Потому что врач назначил. Независимо от того, кто и сколько съел за обедом. А ребенок решит, что это отсроченная месть мамы.)

* * *

— Я сейчас уйду домой и тебя одного здесь оставлю!

Ребенок уже не ноет, ребенок падает на пол, и начинается истерика.

— Ой как некрасиво ты себя ведешь. Зачем ты маму расстраиваешь? Слушаться надо. Посмотри, Максимка уже все съел.

Конечно, у Максимки не гланды вырезали, ему есть не больно... Вопящий ребенок, не поднимаясь с пола, пинает ногой Максимку, соседа по палате. Ведь это из-за Всю-Кашу-Съевшего Максимки мама надумала уйти и оставить собственного сына в больнице. Одного.

Мама багровеет от стыда и злости, поднимает ребенка с пола и выпроваживает его в коридор:

— Сиди тогда там, если не умеешь себя вести.

Мама Максимки старается поддержать маму ребенка, которому вырезали гланды:

— Ничего, у нас тоже бывают приступы плохого поведения.

Ребенка жаль... И маму жаль... Она ведь тоже переживает, нервничает, ей важно, чтобы ребенок поел, чтобы не пил лекарства на голодный желудок. Она тоже устала и хочет домой.

В это время из коридора возвращается ребенок, которого ведет улыбающаяся тетя. Ребенок спокоен, слезы высохли. Тетя очень довольна собой, потому что, проявив чудеса педагогики, смогла уговорить малыша поесть.

— Он согласился съесть бутерброд с сыром! — сообщила улыбающаяся тетя, она же мама ребенка, которому зашивали бровь.

— Нам же нельзя бутерброд! — возражает мама ребенка, которому удаляли гланды, обесценив все педагогические труды чужой мамы. — Ему только протертую кашу можно!

Ребенок снова обреченно заныл. Только что добрая улыбчивая тетя из коридора разрешила ему съесть бутерброд с сыром, а злая мама опять не разрешает...

Чужая мамочка хотела как лучше, а вышло только хуже...

К сожалению, это не единичный случай. Даже в данный момент и в этой столовой — не единичный. Вот другая мама шипит:

— Доедай, а то не выпишут!

Сколько раз я попадала в больницу то с одним, то с другим ребенком и всегда наблюдала подобные сцены. Даже мысль была: хорошо бы в каждой больнице сделать памятку с психологическими правилами для родителей. И знакомить с этими правилами при поступлении под подпись, как с другими правилами. «Запрещается пользоваться в палате кипятильником», «Запрещается курить в туалете», «Запрещается пугать ребенка уколами».

Инструкция у меня получилась такая:

- ✔ Ребенок попал в больницу. Для него сейчас непростой период. Он очень нуждается в поддержке взрослого. Пожалуйста, помните об этом, будьте с ребенком предельно терпеливы и ласковы. Воспитание можно отложить на потом. Сейчас только любить и баловать.

- ✔ Ребенок может не понимать, что происходит, почему его увезли из дому, почему теперь нужно жить в этой комнате, которую называют странным словом «палата». Незнание порождает много страхов и напряжение. Снимите это напряжение. Объясните доступными словами, опираясь на имеющийся жизненный опыт ребенка, что это за место, почему и зачем вы сюда приехали, кто эти люди вокруг, что и зачем они делают. Обязательно расскажите, когда и при каких условиях вы вернетесь домой.

✔ Ребенку в больнице предстоят разные медицинские вмешательства: анализы, обследования, процедуры. Перед каждым таким вмешательством ребенка нужно психологически настраивать. Объяснять, что сейчас будут делать и зачем это нужно. Незнание порождает тревогу. Когда ребенок знает, что его ожидает, он гораздо спокойней. Объяснять нужно подробно, особенно если ребенка ожидает новый жизненный опыт. Например, не просто «возьмут кровь на анализ из вены», а: «Сначала протрут ручку влажной ваточкой, будет немного щекотно, потом поставят иголочку — будет немного больно, но совсем не долго, и вполне можно потерпеть. В этот момент самое главное не шевелить рукой. Я помогу тебе держать руку. Потом иголочку уберут…»

✔ Расскажите о своем опыте пребывания в больнице в детстве или об опыте знакомых. Сделайте акцент на том, что все закончилось хорошо.

✔ У ребенка должно быть понимание, что все, что с ним делают, — делают с согласия мамы и для его же блага. У ребенка есть базовое доверие маме, и важно не разрушать его, а опираться на него. Если мама, утешая малыша после укола, будет причитать: «Плохая тетя, пришла и обидела, больно сделала», то тем самым базовое доверие подрывается. Мир превращается в мир плохих теть, от которых даже мама защитить не может. По этой же причине не надо врать, что будет не больно, если процедура предусматривает болезненные ощущения. Иначе ребенок решит, что маме нельзя верить. Лучше честно предупредить: «Будет неприятно, но надо потерпеть, зато потом…» — и придумать, чем интересным вы с ним займетесь после процедуры. Фокус внимания частично переключится на приятные мысли о том, что будет потом.

✔ Если не получается обойтись без стимулов, то лучше использовать не отрицательные, а положительные. Не угрозу, а подкуп. Не наказание, а поощрение. Сравните: «Если не выпьешь лекарство, я у тебя планшет заберу!» и «Выпей, пожалуйста, лекарство, а я тебе разрешу на планшете поиграть. Или мультик посмотрим. Что ты выбираешь?» По сути — одно и то же, но форма подачи совсем другая.

✔ Категорически запрещается использование угроз: «Не будешь слушаться — уйду от тебя, одного здесь оставлю» или «Не будешь слушаться — я тебя любить не буду». Ребенку важно в любой ситуации чувствовать себя любимым и поддерживаемым.

✔ Положительные эмоции способствуют выздоровлению. Поэтому старайтесь развеселить ребенка, придумывайте для него игры, чаще обнимайте, поглаживайте. Фантазируйте, чем интересным займетесь, когда вернетесь домой, повышая мотивацию на выздоровление.

✔ Пусть в вашем общении будет больше слов ободрения, поддержки, сочувствия. Старайтесь не критиковать, не упрекать, не угрожать, не кричать, не высмеивать. Не осуждайте эмоции ребенка. В этот период он может быть более плаксивым или более агрессивным. Вместо «Хватит уже ныть!» скажите: «Я понимаю, что тебе сейчас грустно (скучно, больно, ты устал и т.п.). Но надо потерпеть. Что я могу для тебя сделать?»

✔ Не пугайте ребенка медперсоналом. Никакие воспитательные цели не могут оправдать шантаж: «А то сейчас врача позову, пусть он тебе укол поставит, раз не слушаешь маму!» Укол — это лечение, а не наказание. Ребенку будет психологически более комфортно, если он будет знать, что окружен хорошими людьми, которые помогают выздороветь, а не теми, кто постоянно наказывает уколами.

✔ В присутствии ребенка старайтесь не критиковать действия медперсонала, не высказывать сомнений по поводу проводимого лечения, не жаловаться на условия пребывания. Если хочется «излить душу» своим близким по телефону, то выберите момент, когда ребенок вас не слышит, чтобы не способствовать нарастанию тревоги у ребенка.

✔ Творчество помогает пережить кризисные моменты. Поэтому будет здорово, если в эти дни вы будете вместе с ребенком много лепить и рисовать.

И еще важное. Уже не про ребенка. Обязательно ищите возможность поддерживать себя в ресурсном состоянии. Задавайте себе вопрос: «Чем я могу себя порадовать?»

Я не знаю, что радует именно вас. Но могу рассказать, что радует меня и как я поддерживала себя в период пребывания в больнице. Заказывала навещающим что-нибудь вкусненькое. (Съесть можно, пока ребенок не видит. У него строгая диета. А мне-то можно. Это плохая идея — отказывать себе во вкусненьком без объективных причин, просто из солидарности с ребенком. Маме нужно поддерживать себя в ресурсном состоянии. Ради блага ребенка в том числе.) Просила закачать интересные фильмы, не все же время мультики смотреть. Слушала любимую музыку и аудиокниги. Разгадывала судоку — мне это помогало хотя бы временно переключиться с тревожных мыслей на решение задачек. Рисовала мандалы в тетради цветными гелевыми ручками. Незатейливые орнаменты, расположенные по кругу, умеют успокаивать своей ритмичностью.

РЕБЕНОК В СТРЕССОВОЙ СИТУАЦИИ

Местный новостной канал иногда просит меня прокомментировать ситуацию, о которой они снимают репортаж. Однажды попросили прокомментировать случай в парке. Сломался аттракцион «Колесо обозрения», сидящие в этот момент в кабинке мама и трехлетний ребенок на полчаса зависли на большой высоте, пока удалось снова колесо запустить. Об этом происшествии СМИ узнали от молодой мамы, которая вызвала полицию, устроила шумную разборку, подала в суд заявление о причинении морального вреда и нанесении ребенку психологической травмы.

При всем моем сочувствии маме психологическую травму малышу нанесли не сотрудники парка аттракционов, а она сама. Своей реакцией. Психологическая травма — это событие, превосходящее возможности осмысления. Событие, о котором мы думаем: «Что вообще происходит?! Как такое возможно?! Что теперь с нами будет?!» Если найти нужные слова для объяснения происходящего, психологической травмы не случится. Мама в той ситуации сама ушла в травму. Испугалась очень. За ре-

бенка, за себя. В панике начала звонить по телефону, вызывать полицию, еще больше нагнетая страха, стала ругаться с администрацией парка. Ребенок это слышал, видел мамино состояние и ревел от испуга.

Для сравнения могу привести другую ситуацию. Точно так же в кабине застряли на полчаса папа и трехлетний ребенок. Только это была не кабинка колеса обозрения, откуда открывается роскошный вид на город, а кабина лифта. Да еще и свет погас. Тридцать минут, сидя на корточках в полной темноте, папа развлекал свою дочь сказками и теневым театром, пока фонарик на телефоне не разрядился. Из папиной правой руки попеременно получались зайчик, собака, лебедь и крокодил. А левая рука подсвечивала фонариком. Дочка об этом событии потом еще долго вспоминала как об удивительном приключении. Никакой травмы не случилось.

Если вы попали в похожую ситуацию, первое, что нужно сделать, — позвонить, а лучше написать (чтобы ребенок не слышал об аварийной ситуации) сообщение человеку, которому вы доверяете. Делегируйте ему все переговоры с ремонтными и спасательными службами. О вас знают, вас не бросят, сделают все возможное для скорого освобождения из технического плена — этого достаточно, чтобы, переложив ответственность за ваше извлечение на другого человека, унять тревогу и все ресурсы направить на ребенка.

> *Если найти нужные слова для объяснения происходящего, психологической травмы не случится.*

Объяснить ему простыми словами случившееся, а потом развлекать. «Что-то случилось, колесо перестало крутиться, но его скоро починят, и мы спустимся вниз. Можно сказать, нам повезло. Мы можем так много времени провести наверху. Если бы мы не остановились, то не успели бы все рассмотреть. Давай я тебе покажу, где наш дом. А вон там цирк. Помнишь, мы с тобой в цирк ходили?»

Во время стрессовых ситуаций очень важно постараться сохранять спокойствие взрослым. Тогда есть шанс, что спокойным останется и ребенок. Все свои личные эмоции нужно заморозить, поставить на паузу. Я такое состояние называю «железобетонное». Иногда, какой-то непродолжительный период, жить можно только из такого состояния. Неплохое временное решение. И только после того как проблема разрешилась, ребенок приведен в ровное эмоциональное состояние, можно доверить заботу о нем кому-нибудь из близких и дать наконец волю своим чувствам. Тот папа из лифта, после того как передал дочку маме, пошел за пивом, в одиночестве приводил себя в душевное равновесие, а перед сном еще долго рассказывал жене о пережитом: «Я все время думал, только бы она не начала плакать. Только бы она не начала плакать. Шучу, смеюсь с ней и думаю: если она начнет плакать, я не смогу, я не выдержу, я не справлюсь». Справился.

КАК ПОДДЕРЖАТЬ РЕБЕНКА БЕЗ СЛОВ

Бывают ситуации, когда ребенка необходимо поддержать, но слова будут неуместны. Для этого можно использовать какой-нибудь невербальный сигнал.

Однажды мы с ребенком договорились, что если я, держа его за руку, крепко сожму ладошку три раза подряд, это будет значить «Я тебя люблю». Какое-то время мы просто играли в тайные сигналы, а потом я поняла, насколько это классно. Были еще и другие тайные сигналы, но они быстро забылись, а этот прижился на долгие годы.

Сыну три года. Мы бежим в детский сад. Очень торопимся. Стоим на перекрестке, ждем, когда загорится зеленый. Шумно. Машины едут параллельно нам, перпендикулярно нам и еще над нами. Потому что над нами мост на шесть полос. На этом участке пути мы даже не разговариваем, потому что, чтобы услышать друг друга, приходится напрягать голосовые связки почти до крика. Кричать не хочется. Напрягаться не хочется. Очень хочется спать. И мне, и ребенку. Ребенок сонный, невеселый. Брови хмурит. Раз-два-три — я трижды пожала его руку. Он как будто вышел из полусонного транса, поднял на меня глаза и улыбнулся. Мы друг друга поняли. У нас есть тайна, согревающая ранним пасмурным утром.

* * *

Сыну четыре. Я что-то не купила ему в магазине. Ребенок на меня обижен: «Себе ты вон сколько всего купила». Конечно, молоко, яйца, сметану, муку, макароны мама покупает исключительно себе. Насупился, не разговаривает, идет поодаль. Но есть правило, которое соблюдается даже во время ссоры: дошли до дороги — дай маме руку. Руку протягиваю я сама. Он нехотя берется

за мою руку. Демонстративно отворачивается от меня. Раз-два-три. Три пожатия. Ребенок поворачивается ко мне. Он все еще сердит, обижен, не расположен к разговорам. Но взгляд теплеет. Раз-два-три — теперь уже сын пожимает мою руку. Вокруг полно прохожих. Никто не догадался, что мы только что напомнили друг другу, что любим друг друга. У нас есть своя тайна.

* * *

Сыну пять лет. Приемный покой больницы. Врач закончил осмотр и что-то пишет. У ребенка очень потерянный вид. Из-за высокой температуры он, похоже, плохо ловит реальность, куда и зачем его привезли. Хочется его поддержать, но нужные слова не находятся и нет решимости нарушать разговорами тишину приемного покоя. Но я могу взять сына за руку. Раз-два-три. Он поднимает на меня глаза и кивает. Есть контакт. Есть общая тайна. Мы вместе. Мы справимся.

* * *

Уже шесть. Выпускной в детском саду. Как быстро вырос сын. Любуюсь. Меня распирает от нахлынувших чувств. Столько всего хочется сказать. Но он слушать не будет. Застесняется. Рядом друзья-приятели, девочки-принцессы в нарядных платьях. Окликнула: «Подойди на секундочку». Подбежал. Мне действительно на секундочку. Для передачи эмоций мне достаточно, глядя в глаза, трижды пожать ему руку. Он снова убегает к ребятам, глаза светятся счастьем.

* * *

Сыну семь. Первый класс. Первый вызов в школу. Бегал на перемене. Толкнул Колю. Внешний вид неопрятный. Когда пишет, не старается. Отвлекается на уроке. Вместо учебника читал принесенную книгу. Примите меры.

Меры захотелось принять незамедлительно. Меры по спасению ребенка. Уж очень у него был подавленный вид. Ссутулился, голову опустил. Неприятно, когда тебя стыдят перед мамой, да еще и на виду у всего класса. Я стою настолько близко к ребенку, что могу незаметно, не привлекая внимания учителя, дотянуться до его руки. Тихонько трижды пожимаю руку. Удовлетворенно замечаю, как выравниваются плечики, поднимается голова, светлеет взгляд. Мы, конечно, дома еще поговорим про то, где можно бегать и когда читать, и про инцидент с Колей. Но прямо сейчас ему была важна поддержка. Хорошо, что я могу поддержать без слов. Потому что у нас есть тайна.

ЖИТЬ СО СКОРОСТЬЮ РЕБЕНКА

Дорога до садика у нас занимает 30 минут. Дорога от садика до дома — час-полтора. Маршрут тот же самый, но вот скорость...

Утром мы летим со скоростью мамы. Занятой, спешащей, планирующей, оптимизирующей. Бегом. Нет времени на отвлечения, развлечения, разговоры. Даже на разговоры. Потому что для того чтобы не просто услышать голос ребенка в утренней суете шумного города, а разобрать, что именно сказал ребенок, нужно присесть, наклониться до его уровня, прислушаться. А это снижение скорости, потеря рабочего времени. Я крепко держу его за руку, потому что один он пойдет гораздо медленнее. И мы летим. Сашка привык к маминой скорости, привык молчком, без капризов добегать до садика. Но он знает, что у нас все по-честному, и обратно мы пойдем уже со скоростью Сашки.

Со скоростью Сашки это значит — разглядывая бабочек над одуванчиками, муравьев, атакующих гусеницу на тротуаре. Замечая поганки, неожиданно выросшие на городском газоне. Пиная опавшие и уже подгнившие яблочки. Скатывая в худого грязного снеговика первый снег. Разглядывая редкие марки машин на парковках и многое другое, что способен заметить ребенок, которого никуда не тащит за руку мама.

Однажды, придя за Сашкой в садик, я застала его в песочнице. Он восторженно продемонстрировал мне большой камень, держит его двумя руками — тяжелый.

— Мама, представляешь, мы копали, копали и нашли клад! Смотри, какое сокровище мы вырыли!

Я оценивающе взвешиваю находку в руках. Кажется, больше килограмма...

— Какой здоровенный! Долго выкапывали?

— Да! Ваще, так долго!

Сашка с бесценным трофеем в руках бодро зашагал в сторону воспитательницы — отпрашиваться.

— Вы что, этот булыжник домой потащите? — недоуменно поинтересовалась она.

— Конечно. Как же иначе? Не каждый день клады находятся.

А потом Сашка находит палку. Мимо такой палки нормальный мальчик не пройдет. Длинная, толстая, удобно ложится в руку. Вот ведь дилемма. Камень слишком большой, чтобы нести его одной рукой. А если нести камень двумя руками, то нечем держать палку. Сашка пристраивает камень у обочины и измеряет палкой глубину лужи. Потом стучит палкой по металлической изгороди. Потом несколько минут прыгает, опираясь на палку.

Кладет палку, берет камень. Лицо задумчивое. Как будто прислушивается к внутренним ощущениям. Наигрался ли он с палкой? Готов ли расстаться с ней? Не готов. Вертит камень, пристраивает его куда-то под мышку, придерживая предплечьем.

Когда Сашка наклоняется за палкой, камень падает. Через несколько попыток сыну все-таки удается взять в руки и камень, и палку. Правда, палка лежит на неуклюже растопыренных локтях, готовая в любой момент соскользнуть в сторону.

Я удерживаю себя от соблазна помочь ребенку и взять камень. Это его решение, его выбор, его ноша. Пусть учится не взваливать на себя больше, чем может унести. Я лишь поддерживаю палку, когда мы переходим через дорогу, чтобы упавшая палка не создала сложную дорожную ситуацию. Упавшую палку Сашка всенепременно захочет поднять, а с камнем в руках это не так просто осуществить…

А потом Сашка замечает голубей. Они купаются в фонтане у ресторана. Сашка опускает на землю камень с палкой. И иронично замечает:

— Строители думали, что строят фонтан, а получилась ванна для голубей!

И тут же восторженно:

— Смотри, эти голуби такие смешные!

Пытаюсь понять, что смешного Сашка увидел в тех голубях. «Смешные голуби» — это подросшие птенцы. Чуть меньше взрослых птиц, более суетливые, с тощими шеями. Объясняю Сашке, что это уже не птенцы, но еще и не взрослые птицы.

— А! Я понял! Они как Арсений! — гениально подметил Сашка.

Ну да, птицы-подростки. И я с удовольствием отмечаю наличие аналогии в Сашкином мышлении.

Наконец мы приносим домой трофеи: булыжник и палку. Дорога до дома в этот раз заняла один час сорок минут. Но это ценное время, которое я прожила со скоростью ребенка.

На ужин будут макароны. Это плата за долгую прогулку. А можно было бы за тридцать минут прилететь домой и час провести на кухне, готовя сложное блюдо. Увы, в сутках 24 часа и никак не больше. Что ставить в приоритет и на что тратить время — личный выбор. Я выбираю неспешную прогулку и простейший ужин. Потому что приготовить сложные блюда я еще успею, этим можно заниматься в любом возрасте. А детство моего ребенка — невосполнимый ресурс.

* * *

Чем старше становится ребенок, тем реже удается никуда не спешить. Школа, дополнительные занятия, тренировки, экскурсии...

Днем интенсивно тающий снег образует лужицы, заполняющие все неровности асфальта. А за ночь они покрываются тонким слоем льда, который восхитительно скрипит и хрустко крошится, если на него наступить. Мы идем в школу. Мой первоклашка собирает по пути все лужи, подернутые льдом. А я его тороплю:

— Сань, давай быстрее! На обратном пути погуляешь по лужам!

Санька невозмутимо парирует:

— На обратном пути лед уже растает.

И ведь не поспоришь... За пять уроков и четыре перемены солнце успеет растопить лед.

— Давай завтра пораньше из дома выйдем, завтра будешь лед на лужах крошить, — нахожу я еще один аргумент для ускорения.

— Не факт, что завтра будет лед. — Санька не оставляет мне надежды на усиление скорости без усиления голоса...

Действительно, школа от погоды не зависит. Школа будет при любой погоде еще целых два месяца. А хрустящие лужи, возможно, только сейчас... Хрустящие лужи начала апреля — невосполнимый ресурс. Это все, что нужно знать о расстановке приоритетов. Самый короткий мастер-класс от моего первоклашки. Кто понял жизнь, тот больше не спешит...

У меня есть выбор. Я могу надавить на ребенка, взять за руку и быстро потащить в сторону школы. А могу надавить ногой на подмерзшую лужу и насладиться скрипучим треском ледяной корочки.

Ну, в общем, вы поняли, я выбрала крошить лед на лужах... Я стала очень азартно его крошить. Так что очень скоро нераскрошенные лужи закончились, и ребенок с чувством завершенности бодро побежал в школу. И даже успел на урок.

А на следующее утро шел дождь. По поводу невосполнимости ресурса Сашка оказался прав.

* * *

Я как-то услышала от одной женщины фразу: «С этими детьми я жить не успеваю». Она имела в виду, что по причине загруженности ей не хватает времени на дела, которыми она бы сама хотела заниматься. Это про неумение распределять временны́е ресурсы. Но я сейчас не о том. Я зацепилась за фразу «с детьми я жить не успеваю», потому что у меня самой рождается ощущение полностью противоположное. С детьми я успеваю жить. Я успеваю замечать хрустящие лужи, цвет неба, запахи улиц, голубей, снегирей, жуков, собак. Успеваю удивляться и радоваться простым вещам. Как будто заново познаю этот мир. Успеваю осознавать, что жизнь прекрасна. Если не торопить ребенка, можно получить много удовольствия. Так что хотя бы иногда позвольте себе замедлиться.

> *Если не торопить ребенка, можно получить много удовольствия. Так что хотя бы иногда позвольте себе замедлиться.*

Часть 3

МАМА И ДРУГИЕ
В ГАРМОНИИ С МИРОМ

ГЛАЗАМИ ДРУГОГО

Тихий час в детском саду иногда бывает действительно тихим: все дети спят, и нет заседания педагогического совета. В такие моменты мы с коллегой пили чай. Это особый кайф: пить не традиционный садовский компот на ходу, по пути из игровой в спальню, а самим заварить чай и пить его сидя, не спеша, за разговором о своем, о личном, а не о поурочном планировании.

— Аня, ты чайник поставила?

Мою коллегу тоже зовут Аня.

— Поставила! — отзывается она, заглядывая в раздевалку.

В группе все розетки расположены высоко, в целях безопасности, чтобы дети не могли достать. Поэтому единственное место, где можно было включить чайник с его коротким проводом, это высокий шкафчик в раздевалке. (После чего чайник нужно было спрятать. Потому что не положено.)

— Ой, поставила, а не включила, — смеется Аня и идет в раздевалку включать чайник.

— Как ты поняла, что не включила?

— А там лампочка не горит.

— Аня, лампочка на чайнике уже лет пять не горит.

— Как не горит? Всегда горит! Зелененькая сбоку.

— Аня, там есть лампочка, но она не горит. Она перегорела лет пять назад.

Я хозяйка чайника. Я этот чайник хорошо знаю.

— Да что ты мне говоришь! Я вчера чайник ставила, и лампочка там горела. По-твоему, у меня галлюцинации?

— Не знаю, но у кого-то из нас галлюцинации. Так ведь не бывает, чтобы электрический чайник по-разному на людей реагировал. Избирательно зеленой лампочкой подмигивал.

— Вот смотри! Горит! Иди сама убедись!

Я вижу, что горит. Погружаюсь в глубокое недоумение. Анька победоносно смотрит на меня. Я – на чайник. И тут до меня доходит, в чем секрет фокуса.

— Анька, ты же левша! А я правша!

— И как это связано с зеленой лампочкой?

— Я ставлю чайник правой рукой, мне так удобней, ручка чайника при этом смотрит вправо. А ты ставишь левой рукой, как удобней тебе, соответственно ручка чайника при этом смотрит влево, а значит, видна совсем другая сторона чайника. Та, на которой лампочка горит! А с моей стороны, — я поворачиваю чайник, — она не горит.

(Я даже не знала, что с другой стороны тоже есть световой индикатор.)

Карта не равна территории, поэтому карты мира, нарисованные в разных странах, могут сильно отличаться друг от друга. Так и наше восприятие реальности может отличаться от восприятия этой же реальности другим человеком. У нас под воздействием разного жизненного опыта формируются разные картины мира. В моей картине мира лампочка на чайнике перегорела, а в Анькиной — нет. Это ведь не только про лампочки. Это всего касается. Все конфликты происходят потому, что у людей разные картины мира. Выход из конфликта в том, чтобы попробовать понять, как выглядит картина мира другого человека. И попробовать объяснить другому, как выглядит собственная картина мира.

***

Есть такое упражнение, называется «Три позиции». Оно помогает увидеть конфликтную ситуацию глазами другого человека. Для удобства можно взять три листа бумаги и нарисовать на них цифры 1, 2, 3, обозначая номер позиции. Сначала, вспоминая конфликтную ситуацию, надо постоять на листе с номером 1. Вспомнить свои мысли, чувства и свои потребности в момент конфликта. Потом надо перейти на второй лист и ту же самую ситуацию рассмотреть из второй позиции, глазами другого участника конфликта,

> *Все конфликты происходят потому, что у людей разные картины мира.*

стараясь представить его мысли, чувства и потребности, понять его картину мира. После чего выйти в третью позицию — позицию стороннего наблюдателя. Сторонний наблюдатель рассматривает ситуацию безэмоционально и безоценочно. Сухие факты. Для этого при выполнении упражнения часто вводят субличность не человеческой природы, лишенную оценочности и эмоциональности. Такую, как муха на потолке или мудрая сова. Из нейтральности мухи на потолке легче всего придумать решение, как удовлетворить потребности обеих сторон.

Мне запомнился момент из практики применения этого приема, когда женщина, разбирающая конфликт с коллегой, никак не хотела вставать на листок второй позиции. Ходила вокруг листа со словами: «Вообще не понимаю. Я не знаю, о чем она думает. Я не понимаю, как это выполнять». При этом на прямое указание «просто встать на листок» у нее начиналась новая обвиняющая тирада в адрес коллеги, и от листа она отходила подальше. Настолько сильное сопротивление. А когда все-таки удалось ее поставить на лист № 2, ее прорвало на осуждающую пламенную речь в адрес позиции № 1, то есть своей собственной. После чего женщина выдохнула: «Теперь я поняла, почему моя коллега так себя ведет». Понимание другого уменьшает негативные эмоции и облегчает поиск решения.

* * *

Еще пример.

Рассуждения женщины из первой позиции:

> «Спешу на работу, опаздываю, потороплю дочь, хочу ее быстро донести на руках, она начинает капризничать, чем вызывает мое сильное раздражение. И сама не идет, и нести не дает».

Рассуждения из второй позиции, от лица дочери:

> «Вышли гулять. Вокруг так интересно. Тут голуби. Тут цветочек. Хочу потрогать. Мама тянет за руку, не дает потрогать. Вот ветер пестрый фантик по асфальту гонит. Хочу поймать. Мама берет меня на руки, а я хочу фантик ловить. Мама мне мешает».

Рассуждения из третьей позиции, от вороны на тополе:

«Женщина с маленьким ребенком идут по улицам. Женщина торопится. У нее потребность вовремя прийти на работу. У ребенка потребность исследовать окружающий мир, поэтому он отвлекается на все, что попадает в его поле зрения».

От вороны на тополе появляется совет:

«Женщина, вы либо раньше выходите, чтобы ребенок по дороге успевал все рассматривать, либо добирайтесь до садика на машине».

* * *

Снова женщина в первой позиции. Но уже другая женщина и другая ситуация.

«Утро. Нужно отвести детей в садик. До выхода осталось несколько минут. Поторапливаю детей. Как будто не слышат меня. Один гладит кота, другой ползает под кроватью. Я злюсь и повторяю все громче и громче: "Одевайтесь! Мы выходим!" Ничего не меняется».

Из детской позиции:

«Ой, кот пришел, брюхо подставил, ждет, что погладят. Надо погладить. А где мой робот? Я робота хотел с собой взять. Он, наверное, под кровать упал».

Из третьей, нейтральной, позиции:

«У мамы потребность вовремя привести детей в садик. Для этого нужно уже выходить, а дети еще не одеты. Выход? Помочь найти робота, забрать кота, чтобы погладить самой и заодно успокоиться».

* * *

Женщина из первой позиции:

«Ребенок уснул быстро и раньше обычного. Есть возможность с мужем кино посмотреть. Муж сел играть на компьютере. Внимания на меня не обращает. Обидно».

Из второй позиции, от лица мужа:

«Договорился с приятелем поиграть в сетевую игру онлайн. Играю. Пришла жена. Посмотрела на меня, губы надула, ушла в другую комнату. Я не могу сейчас за ней бежать. Нельзя прерывать игру и подводить других игроков, с которыми мы в одной команде».

Из третьей позиции:

«У обоих потребность в отдыхе. Муж решил отдохнуть, играя в компьютерную игру, пока жена укладывает ребенка. Обычно это долгий процесс. Но сегодня ребенок быстро уснул. Жена моментально выстроила ожидания, каким будет вечер. Но ожидания не оправдались, она обиделась. Жена не зна-

ла, что муж решил поиграть, муж не знал об идее жены посмотреть фильм. Вывод: о своих планах и ожиданиях лучше сообщать заранее».

※ ※ ※

Женщина из первой позиции:

«Какое прекрасное утро! Сейчас мы все вместе поедем на выставку художников-импрессионистов, потом погуляем по набережной. Погода хорошая, получатся изумительные фотографии. Эй, вставайте! Вставайте скорее!.. Ну вот, им бы только спать».

Поднять семью к завтраку удается только с пятой попытки. Раздражение. Муж сообщает, что ему надо заехать на работу. Дети ноют, ссорятся. Выходной не удался. Обидно…

Вторых позиций тут будет несколько, от каждого члена семьи.

Муж:

«Хотел выспаться, а потом заскочить на работу, кое-какие дела доделать. Выспаться не дали. Жена на что-то обиделась. Как будто я не для них работаю. Я бы, может, и сам хотел в выходной день на работу не ездить, но...»

Сын:

> «Опять мама что-то придумала. Терпеть не могу эти выставки. Еще и вставать рано из-за этого. Почему я должен тащится туда, где мне не интересно?»

Дочь:

> «Я не хочу есть этот омлет. Я пойду на выставку, только если потом мы зайдем в пиццерию».

А муха на потолке смотрит на это и думает:

> «Женщина построила планы на выходные, опираясь на свои интересы. Семью заранее не предупредила. Решила, что остальные тоже с восторгом воспримут эту идею. Но никто не хочет того, чего хочет она. И это нормально. У каждого могут быть свои интересы и свои планы. Если у нее потребность посмотреть именно эту выставку, тогда надо было одной съездить, пока все спали. Если потребность провести выходной с семьей, то нужно заранее обсуждать варианты, учитывая интересы каждого. А мужу, конечно, лучше заранее сообщать о своих планах, если он собирается в выходные работать».

Для формирования способности взглянуть на ситуацию глазами другого человека советую ежедневно какой-нибудь случай, не обязательно конфликтный, с трех позиций рассматривать.

ПОЗИЦИИ И ПОТРЕБНОСТИ

Конфликт случается тогда, когда каждый участник стоит на своем мнении, на своей позиции, и уходить с этой позиции не собирается. Но за каждой позицией скрывается какая-то потребность. Если понять эту потребность и удовлетворить ее, то можно избежать конфликта.

Однажды четырехлетний Сашка заявил мне, что не пойдет в садик. «Я не пойду в садик» — позиция одной стороны. «Нет, ты пойдешь в садик!» — позиция другой стороны (мне же надо на работу). Компромисс невозможен. Конфликт на уровне позиций неразрешим. Нужно выйти на потребность.

— Санечка, а зачем тебе оставаться дома?

Накануне вечером Сашка вылепил из пластилина яйца динозавров и сделал для них гнездо в подушке. Я стойко вынесла это испытание, предусмотрительно выдав Сашке другую подушку, чтобы утром не выковыривать пластилин из его волос. А утром Сашка отказался идти в садик. Его аргументы были весьма убедительны: «Вдруг динозаврики вылупятся, а меня рядом нет!»

Арсений отреагировал на это вопросом:

— Мам, а он у нас нормальный?

— Конечно, нормальный. Ты в его возрасте переживал, что оставленная в садике машинка будет всю ночь без тебя плакать. Так рыдал, что мы вернулись за машинкой.

Вытаскиваю из коробки с игрушками первого попавшегося динозавра и бодро предлагаю его в роли няньки для маленьких динозавриков на случай внезапного вылупления. Сашкины глаза округлились. Так я и не поняла — от ужаса или от удивления маминой глупости.

— Ты что! Это же хищник! Он может их съесть!

И я понимаю, что если прямо сейчас не найду травоядного динозавра, то велик риск опоздать на работу...

Новая нянька Сашку устраивает. Он инструктирует длинношеего травоядного о том, как обходиться с новорожденными динозавриками, и с чувством исполненного долга отправляется в садик, на всякий случай прихватив с собой хищника. Никакого насилия с моей стороны. Просто потому, что была удовлетворена эта странная для взрослого потребность — потребность в безопасности новорожденных динозавров.

* * *

— Я не пойду в школу!

— Нет, ты пойдешь в школу!

— Я закроюсь в ванной и в школу не пойду!

— Папа выломает дверь! Ты все равно пойдешь в школу!

Близкие люди рубятся на уровне позиций. А если спуститься на уровень потребностей?

— Ты совсем не хочешь в школу или только сегодня?

— Только сегодня. Пожалуйста! А завтра я пойду.

— Почему тебе так важно пропустить школу сегодня? В чем выгода?

— Сегодня физкультура. Я ненавижу физкультуру на коньках. У меня не получается. Я падаю, а все смеются.

Потребность понятна. Дверь можно не выбивать. Мама с дочкой больше не по разные стороны баррикад. Обнимаются, обсуждают возможные пути решения. Мама рассказывает о своих потребностях. О желании избежать неприятностей, которые последуют за прогулом.

— Может быть, ты только физкультуру прогуляешь? Я напишу записку учителю. А вечером мы с тобой на каток съездим, потренируемся, чтобы не падать.

* * *

— Анна, скажите, что делать, если ребенок отказывается ходить на тренировки? Тренер говорит, что хорошие данные. А ребенок упирается. Заставить? Или пойти на поводу у ребенка? А если он потом сам об этом жалеть будет?

Заставить? Позволить бросить секцию? Это опять решение на уровне позиций. Потребность не выяснена. Не просто же так ребенок вдруг решил перестать ходить на тренировки, которые ему раньше нравились. Возникла какая-то потребность, которую, по мнению ребенка, он может удовлетворить, только перестав ходить на тренировки. Если выяснить потребность, взрослый, возможно, предложит какой-то другой выход. Найдет способ удовлетворить потребность, не бросая секцию.

Так было с младшей сестрой моей подруги. Девочка заявила, что больше не пойдет в музыкальную школу. Кинула сумку с нотами в угол и сказала:

— Я туда больше не пойду, и точка!

— Как не пойдешь?! — возмутилась мама. И начала капать себе валерьянки, рассказывать о важности музыкального образования и причитать: — Столько сил вложено!

А подруга спросила сестренку:

— С чего это вдруг?

И тут случился выход на потребность. Днем стали показывать интересный молодежный сериал, который смотрели все девочки класса и обсуждали на переменах. Кто не смотрел — аутсайдер. Как не быть аутсайдером? Смотреть сериал. А так как сериал шел во время уроков в музыкальной школе, девочка не придумала ничего лучше, кроме как бросить «музыкалку». У нее была потребность в общении с одноклассниками, которую она связала с потребностью «быть в курсе того, что происходит у героев сериала». Можно ли удовлетворить эту потребность, не бросая музыкальную школу? Конечно. Какое-то время подруга записывала серии на видеомагнитофон, потом просто пересказывала сестренке ключевые моменты. Сериал закончился, а музыкальная школа осталась.

* * *

Это не только у детей бывает. Взрослые тоже часто попадают в ловушку «стоим на своей позиции, не выясняя потребностей».

Жена говорит:

— Передвинь шкаф.

А муж говорит:

— Я не буду двигать шкаф.

— Тебе что, трудно шкаф передвинуть?

— Отстань ты от меня со своим шкафом!

Если каждый и дальше будет стоять на своей позиции, конфликт не решится. Надо выяснять потребности. И это будет уже совсем другой разговор.

— У меня сейчас очень однообразная жизнь. Поспали, поели, погуляли, поспали, поели, погуляли. Ничего не происходит. Из дома не вырваться, обстановку не поменять. Но моя натура требует перемен. Иначе мне очень тяжело эмоционально. Я как будто засыхаю. Я хочу хотя бы мебель переставить. Хотя бы этот шкаф передвинуть.

— У меня сейчас очень напряженная жизнь. Постоянные стрессы на работе. Меняется руководящий состав, соответственно, меняются требования. Я очень устаю. Я хочу тишины и спокойствия. И стабильности. Хотя бы дома пусть пока все остается на своем месте.

Это реальный пример с супружеской терапии. Конечно, супруги пришли за помощью к психологу вовсе не из-за шкафа. Было еще много других спорных моментов, поводов для конфликтов.

* * *

— Промой нос ребенку!

— Я не буду промывать нос ребенку!

— Почему всегда я должна это делать?!

— Потому что ты мать!

— А ты отец!

Если вы думаете, что конфликт решился бы сразу, как только папа согласился промыть нос ребенку, я вас разочарую. Папа сказал: «Хорошо, я промою!» А мама вмешалась в процедуру с новой волной раздражения: «Ты все делаешь неправильно!» Потому что ее истинной потребностью на тот момент было не чтобы кто-то другой промыл нос ребенку, а чтобы значимый для нее человек — муж — признал ее ценность, выразив эту ценность примерно такими словами: «Мне ценно все, что

ты делаешь для нашей семьи и для нашего ребенка. Ты такая молодец». Если что-то подобное говорить каждый день, то можно шкаф и не двигать.

***

Еще пример про потребности. Стопа у ребенка имеет свойство расти, и Сашке нужны новые сандалии. Причем исключительно желтые — на другой цвет он не согласен. Производители не учли, что мальчику четырех лет могут понадобиться желтые сандалии. И вот уже третий магазин детской обуви, из которого мы выходим, ничего не примерив…

В каждом магазине Александр деловито интересуется у продавца: «А у вас есть желтые сандалии?» — «Нет», — честно, кратко и свысока отвечают продавцы, а Сашка быстро направляется к другому магазину. Благо в этом торговом центре все детские магазины собраны в одном месте. Мои смутные подозрения с каждым разом все очевиднее: желтые сандалии купить нереально.

В пятом магазине продавщица — «Чем я могу вам помочь?» — приседает до уровня Сашкиных глаз и очень внимательно слушает запрос. Я окидываю взглядом полки магазина. Желтых сандалий тут тоже не вижу. Но продавщица не говорит «нет». Она уважительно начинает вести диалог:

— Ты очень хочешь желтые сандалии?

— Да, — утвердительно кивает Сашка, довольный тем, что его услышали.

— И почему сандалии должны быть желтыми? — Продавщица демонстрирует искреннюю заинтересованность.

Вот оно! Прояснение потребности!

— Потому что желтые — самые быстрые!

Продавщица не оспаривает логичность Сашкиных рассуждений.

— Знаешь, я могу тебе предложить самые быстрые сандалии, какие есть у нас в магазине. Правда, они не желтые. Но у них есть желтая полоска на подошве, которая придает им скорость. Проверишь скорость?

О, чудо! Сашка соглашается примерить синие сандалии!

В синих сандалиях Сашка бежит по магазину несколько кругов.

Возвращаясь к продавцу, он с интонацией удовлетворенного эксперта сообщает:

— Да, они достаточно быстрые.

— Вам упаковать?

— Конечно!

Обычный алгоритм продажи: выяснить потребность и показать, как имеющийся товар может эту потребность удовлетворить, — этому всех продавцов обучают на тренингах продаж. Но продавать Сашке сандалии стала только милая девушка из последнего магазина. Остальные либо не захотели транслировать свой профессионализм на ребенка, либо вообще им не обладали. За позицией «нужны желтые сандалии» скрывалась потребность «быстро бегать». Выяснение потребностей существенно облегчает общение, и не только с детьми.

* * *

Одна девушка, назовем ее Светой, регулярно попадала под аккуратную критику мамы мужа. Очень тонко, но регулярно свекровь намекала, что хозяйка из Светы так себе. Особенно часто свекровь критиковала Светино умение готовить. Это даже не всегда выглядело как критика. Свекровь умела замечание завернуть и преподнести как комплимент.

— Вкусно, Светочка. Правда, сегодня вкусно. Соус очень выигрышный. С таким соусом любое блюдо становится съедобным. Я, кстати, такой соус сама готовлю.

Над блюдом пару часов трудилась сама Света, а соус был покупной.

Света много энергии тратила на то, чтобы доказать, что она тоже хорошо готовит. И как глубокую личную обиду она воспринимала случаи, когда муж хвалил блюдо, приготовленное мамой. Муж недоумевал: «Почему я должен был промолчать, если это было вкусно?»

Пока Света стояла на позиции «я докажу, что умею готовить», а свекровь на позиции «я все равно готовлю лучше», ситуация никуда не двигалась.

Однажды Света устала соперничать и задумалась: почему свекровь ее критикует? Какая потребность стоит за этим? Чего она хочет? Действительно ли какого-то особого порядка в доме сына или особо вкусных блюд? Часто бывает, что на самом деле человеку нужно признание. Критикуя, он принижает других, получая иллюзию, что сам при этом возвышается. Но если такого человека похвалить («возвысить»), дать ему поддержку «ты хороший», то у него отпадает потребность принижать, критиковать других.

Света перестала доказывать, что умеет готовить не хуже свекрови. Она признала, что свекровь готовит лучше. Начала хвалить ее кухню. Специально звонила, чтобы спросить, как приготовить то или иное блюдо. (Не для того, чтобы готовить, а чтобы спросить, тем самым подпитывая для свекрови ситуацию успеха.) Записывала ее рецепты. Готовить продолжала по своим. А записывала, потому что видела, какое это приносит удовольствие свекрови, когда она диктует: «Взять три яйца». Как будто это наивысший момент самореализации.

Через какое-то время свекровь перестала критиковать Свету и торжественно подарила ей свои кулинарные книги. Через год, когда Света пересеклась на ее кухне со второй невесткой, женой младшего сына, свекровь сказала так:

— Ничего, Катенька, вот Света же научилась готовить, и ты когда-нибудь научишься.

Когда потребность в признании у свекрови была удовлетворена, ей стало незачем критиковать. Света смогла дать ей это признание. Сама она при этом ничего не потеряла, а приобрела спокойствие.

КРИТИКА

Подумайте, какая эмоция возникает у вас в ответ на критику или упрек? Только без рационализации, без размышлений о виде критики, справедливая она или нет, а просто первая, сиюсекундная эмоция, возникающая сразу после того, как вы столкнулись с критикой или упреком в свой адрес. Что в этот момент чувствуете и какое возникает спонтанное желание? (Внимание! Спонтанное желание может сильно отличаться от реального последующего поступка. Вопрос именно про внутренний импульс, про желание, а не про поведение.

Например, спонтанным желанием человека было: «Хочу кинуть что-нибудь в критикующего начальника», а поведение: «Спасибо, я учту замечания».)

Общение через книгу, к сожалению, не дает мне возможности услышать ваш ответ. Поэтому я буду опираться на те ответы, которые уже слышала ранее от людей. Спонтанная реакция на критику и упреки обычно негативная. Возмущение, агрессия, протест, обида.

Парадокс: когда мы сами критикуем или упрекаем кого-то, то ожидаем, что человек нас услышит и станет «вести себя лучше». Но у человека возникает спонтанная реакция в виде агрессии, возмущения и т. п. То есть ведет он себя «еще хуже». Замечали ли вы такую реакцию у ребенка? Вот он буквы в прописях выводит, пыхтит, старается. Мама из лучших побуждений (правда из лучших) говорит ему: «Тетрадь поверни под углом к себе, удобнее будет писать. И голову выше! Спину прямо, что ты сгорбился, как старичок! Не надо так сильно на ручку нажимать». А ребенок этих лучших побуждений почему-то не оценил. Неблагодарный, бросил ручку и скалится, огрызается, что вообще писать не будет. Мама тоже психует: «А я тогда помогать не буду!» — и идет на кухню готовить. Руки в раковине, картошку чистит. А мысли — в комнате. Переживает, как ребенок с заданием справится. В этот момент в процесс вмешивается папа-он-же-муж. Нет, не в процесс заполнения прописей, а в процесс готовки обеда. Конечно, тоже из лучших побуждений. «Поставила бы уже воду на огонь, быстрее закипит. Картошку режь помельче. Она тогда быстрее сварится, и суп вкуснее, когда она мелко порезана. Зачем ты картошку на доске режешь? Можно же в руке держать». Муж-он-же-папа так и не понял, почему после его слов хозяюшка не стала еще более хорошей хозяюшкой, а превратилась в мегеру, швырнувшую нож в раковину со словами: «Готовь сам, если такой умный!»

Помимо того что мы получаем несовпадение ожидания с реальностью — ответную негативную реакцию, может еще подключиться эмоциональное заражение. Это когда на агрессию, вызванную критикой, непременно захочется тоже ответить агрессией. И вот уже муж кричит и машет руками: «Ты всегда так! Тебе, что ни скажи, у тебя на все один ответ: "Не нравится — делай сам!"»

Я не знаю, как в семье обойтись совсем без критики. Но старайтесь уменьшать ее количество. Стремитесь к тому, чтобы количество сказанной за день критики/упреков/замечаний/ недовольства не превышало количество позитивных коммуникаций. Критика не делает нас лучше. Критика делает нас ранимыми или агрессивными.

Предвижу вопрос: «Ну не можем же мы постоянно хвалить, особенно в ситуации, когда есть за что покритиковать! Надо же как-то иммунитет к критике вырабатывать!»

Иммунитет укрепляется не тогда, когда его активно нагружают вирусами, патогенными болезнетворными микробами и токсинами, а когда его подпитывают витаминами, солнцем, прогулками, хорошим настроением. Ну и когда все благополучно, когда есть уверенность, что иммунитет справится, делают прививку.

Если эту аналогию применить к критике, то использовать ее как прививку в отношении близкого человека безопасно только тогда, когда есть хороший иммунитет в виде устойчивой самооценки, уверенности в своей ценности и правильности. Если ребенок работает с прописями в состоянии «Я хороший. Меня любят. У меня все хорошо получается» и к нему подходит мама с единственным замечанием: «Старайся держать спину прямо», то ребенок не сорвется в агрессивную истерику.

> *Когда мы сами критикуем, то ожидаем, что человек нас услышит и станет «вести себя лучше».*
> *Но у человека возникает спонтанная реакция в виде агрессии.*

Каков психологический иммунитет в вашей семье? Чего больше получают члены семьи: витаминов или болезнетворных микробов? Витамины — это позитивные коммуникации. Это когда мы хвалим, благодарим, признаем ценность, выражаем любовь. Микробы и вирусы — это негативные коммуникации. Это критика, упреки, обесценивание.

Можно практиковать следующее упражнение. В течение недели ежедневно заниматься подсчетом позитивных и негативных коммуникаций с конкретным человеком, с кем хотелось бы улучшить отношения. Пример. Если просто «иди обедать», то это фраза без эмоционального заряда, нейтральная. Если «Пойдем пообедаем, моя дорогая любимая девочка» — то это коммуникация со знаком плюс. Если «Иди за стол! Сколько раз уже повторять! Язык уже стерла тебя звать!» — то это минус. Считайте, сколько плюсов, а сколько минусов за день вы скажете в адрес конкретного человека. Подсчет ведите только по одному человеку, иначе это будет «средняя температура по больнице». При равенстве позитивных и негативных коммуникаций может получиться так, что одному ребенку достанутся все позитивные коммуникации, а другому только негативные.

Задача при подсчете не уйти в минус. То есть если вы заметите, что негативные коммуникации начинают преобладать, прикусите себе язык до того, как с него сорвется очередная критика. Подумайте и скажите что-нибудь позитивное.

В самом начале выполнения этого упражнения многие мамы бывают неприятно удивлены, замечая за собой привычку критиковать своих детей. Минусов так много, что сложно удерживать баланс хотя бы в нулевой отметке, нейтрализуя каждый минус позитивным высказыванием. Постепенно приобретается другая привычка: замечать хорошее.

Есть еще такой прием. Ставите баночку или вазочку — любую подходящую прозрачную емкость. И складываете туда камешки. Но не просто так. Камешек кладется в вазочку за каждое хорошее доброе дело, которое сделает — внимание! — кто-то другой! Вот вы заметили, что кто-то сделал что-то хорошее. Рассказали всем членам семьи или просто похвалили того, кто сделал, и положили в вазочку камешек. Любой другой член семьи тоже может таким образом выразить свое признание, заметив что-то хорошее в поступках другого человека. Как только вазочка заполнилась, всем полагается за это приз. Один на всех. Поход в кино или в кафе или еще какое-нибудь семейное развлечение.

А как же быть, если минусов уже много, но реально есть за что критиковать?

Можно вспомнить, что реальность у каждого своя. Там, где одному человеку из его реальности кажется, что есть повод для критики и упрека, другому человеку, из его реальности, кажется, что все нормально. Удержаться от критики помогает стремление разглядеть в действиях другого человека позитивное намерение. Он хотел как лучше.

Ребенок тянулся за яблоком, зацепил чашку, она упала и разбилась. У него было намерение разбить чашку? Конечно же нет. У него было вполне позитивное намерение самому взять яблоко. Между прочим, полезный продукт.

Картошка порезана слишком крупно. Это позитивное намерение как можно быстрее приготовить обед для семьи. В этом тоже нет повода для критики. Если уж очень хочется видеть в супе картошку непременно другой формы, то можно проявить инициативу и порезать самому. Или рассказать о своем предпочтении не в виде критики, а в виде просьбы: «Порежь, пожалуйста, мелкими кубиками, если тебе не трудно. Мне просто так больше нравится».

Ребенок полез в лужу. Это позитивное намерение исследовать окружающее пространство.

Муж задержался на работе. Это позитивное намерение заработать для семьи больше денег.

Ребенок изрисовал паркет. Это позитивное намерение юного художника украсить квартиру.

Подруга так не вовремя позвонила, разбудила только что уснувшего ребенка. Она просто нечаянно попала на тихий час. А вообще-то это позитивное намерение поделиться новостями, укрепить дружескую связь.

Соседка дает непрошеные советы. Это, конечно, бесит, но за ее поведением тоже есть позитивное намерение быть полезной, «делать добро».

Пришли с работы в надежде, что старшая дочь, студентка, приготовила ужин. А она все это время рисовала с младшей сестрой. Ужина нет. Но в планах дочери не было уморить семью голодом. Она просто хотела научить сестру рисовать.

Подросток забил на домашние обязанности — ушел играть в футбол, хотя должен был вымыть посуду. У него было позитивное намерение использовать благоприятный момент для совершенствования своих спортивных навыков. (В самом деле, не всегда подходящая компания во дворе собирается.)

==И даже на чужую критику в свой адрес можно реагировать спокойней, если разглядеть в ней позитивное намерение. Этот милый человек, указывающий мне на мои недостатки, искренне хочет, чтобы я стала лучше.==

Главное, не заиграться в поиск позитивного намерения до стадии «бьет — значит любит». Только не спрашивайте меня, где грань. Почувствуйте, улучшает ваши отношения поиск позитивного намерения, делает вашу жизнь спокойней или наоборот? Имеет смысл оставлять в своем арсенале только те приемы и практики, которые делают жизнь спокойней и радостней.

ПРАВИЛА БЕСКОНФЛИКТНОГО ОБЩЕНИЯ

Если все-таки возникает потребность в критике, если хочется выразить свое возмущение, раздражение, обиду, есть способ сделать это наиболее безопасно и конструктивно. В психологии он имеет название «Я-высказывание». Используя Я-высказывание, вы выражаете свою точку зрения, но при этом не задевая границ личности другого человека. Начиная фразу с «я», я говорю о себе, привношу в контакт с другим себя, свои мысли и чувства. И тогда у меня есть шанс быть услышанной. Другой, следуя моему примеру, тоже говорит «я», и у меня есть шанс его услышать. «Я чувствую это, я хочу вот это». — «А я хочу вот это, потому что чувствую это». Получается конструктивный диалог, проясняющий чувства и желания каждого.

Начиная фразу с «ты», я как будто нападаю на другого, и он вынужден защищаться. Он тоже в ответ кидает мне «ты». Но это не про меня. Это его проекция на меня. Я не согласна с такой проекцией, я отбиваюсь. Получается конфликт: «Ты такая». — «Ты сам такой».

Сравните. Вот Я-высказывание:

«Я постоянно волнуюсь, когда ты мне не звонишь, и я бы хотела, чтобы ты обязательно мне звонил, когда задерживаешься».

> *Начиная фразу с «я», я говорю о себе, привношу в контакт с другим себя, свои мысли и чувства. Начиная фразу с «ты», я как будто нападаю на другого, и он вынужден защищаться.*

А теперь то же самое в Ты-высказывании:

«Ты почему опять мне не позвонил? Ты вообще обо мне не думаешь!»

Исход можете сами представить в первой и второй ситуации.

Обычно Ты-высказывания звучат как обвинения, и после них следует выяснение отношений, часто в повышенных тонах.

Можно пользоваться следующей формулой при составлении Я-сообщений.

1. Рассказать о своих чувствах и эмоциях.
2. Рассказать о событии, которое вызвало эти чувства.
3. Рассказать, чего в связи с этим хочется.

Можно без формулы, просто следите, чтобы высказывание начиналось с «я» и чтобы в нем шла речь о ваших чувствах, мыслях и желаниях.

Еще одна ошибка, провоцирующая возникновение конфликта, — это неуместное обобщение. К обобщениям относятся такие слова, как «всегда», «весь», «все», «всё», «никогда», «никто», «ничего», «никому», «ни разу», «вечно», «постоянно».

Рассмотрим примеры.

— Ты никогда не моешь посуду!

— Неправда! Я мыл на той неделе! Вот ты так всегда — не замечаешь того, что я делаю!

— Ах, я не замечаю! А ты много замечаешь, что я делаю? Да я весь дом на себе тащу!

Или так:

— Ты мне никогда ничего не покупаешь!

— Я тебе купила свитер и книгу! Я тебе купила альбом и краски! Я истратила все деньги!

— А я хочу игрушку!

— У тебя весь дом завален этими игрушками!

— Другим детям родители всё покупают!

— Мне надоело! Ты всегда мне в магазине устраиваешь истерики! Я больше никогда не пойду с тобой в магазин!

Как могли бы выглядеть эти диалоги без слов-обобщений, если добавить к высказываниям конкретики?

— На этой неделе посуду мыла только я. Я бы хотела, чтоб сегодня вечером помыл ты.

— Сегодня я очень-очень занят. Давай я помою ее завтра.

Или так:

— Я хочу игрушку!

— Я тебе уже купила свитер, книгу, альбом и краски. Я могу купить тебе игрушку, но не дороже 200 рублей. На большее у меня сегодня нет денег. Можешь что-то выбрать на эту сумму?

Назревающий конфликт в одном случае и конструктивный диалог — в другом.

* * *

Нормальная реакция на обобщающие выводы при наличии контрпримера — это протест: «Я протестую! Это не так! Я могу указать на вот такой факт! Это противоречит вашим выводам, а значит, вы не правы!»

— Женщины и железо понятия несовместимые! Женщины ничего не могут понять в устройстве компьютера, поэтому эту тему я вам давать не буду! — гудел басом наш преподаватель в педагогическом институте, естественно, мужчина.

— А как же Наталья Николаевна? Она при нас материнскую плату переставила.

— Ну, это исключение!

— Если есть пример исключения, то квантор всеобщности использовать нельзя! — парировали мы, ибо алгебра высказываний была сдана еще в прошлом семестре.

Еще примеры обобщающих фраз:

- ✔ «Женщин нельзя пускать за руль!»
- ✔ «Нормальный человек за такую зарплату работать не станет, поэтому в муниципальных садиках работают только те, кто больше никуда пристроиться не смог».
- ✔ «Все бабушки детей балуют и портят».
- ✔ «Нормальному человеку психологи не нужны! Он в состоянии во всем разобраться сам!»
- ✔ «Женщины ничего не понимают в футболе».

Вот лично мне сразу хочется привести контраргумент.

Хотя если эти фразы построить несколько по-другому, то они не вызовут яростного возмущения.

- ✔ «Я убежден, что в своем большинстве мужчины лучше женщин водят машину».

- ✔ «Я заметил, что в муниципальных детских садах мало хороших педагогов».
- ✔ «Я считаю, что бабушки склонны баловать внуков. Мне кажется, моих детей портит длительное общение с бабушкой».
- ✔ «Я не хожу к психологу, потому что считаю, что способен сам в себе разобраться».
- ✔ «Я еще не встречал женщины, которая разбиралась бы в футболе лучше меня».

При таких формулировках дискутировать можно, но явного конфликта удастся избежать. Новые высказывания построены по правилам Я-сообщений. Я-сообщение отражает субъективное мнение и не претендует на звание Истины. В этом случае реакция собеседника, скорее всего, будет следующей: «Я уважаю твое мнение, но не разделяю его». Если же субъективное мнение преподносится как объективная Истина — это уже покушение на возможность существования другого мнения, отличного от этого. Своего рода вторжение в личные границы. А естественной реакцией на вторжение в границы личности является агрессия.

Итак, золотые правила бесконфликтного общения:

1. Свое мнение формулировать как свое мнение.
2. Избегать обобщающих слов, если есть или возможны исключения.
3. Обсуждать конкретные факты.

ПРАВО ОТКАЗА.
ПРАВИЛО ЭМОЦИОНАЛЬНОЙ ЭКОЛОГИИ

Я знаю, что в парке по весне очень грязно. Когда снег еще в процессе активного таяния, воды по щиколотку. Без резиновых сапог невозможно пройти, не замочив ног. Верх глупости идти туда в новых замшевых туфлях. Зная это, я предпочитаю там не ходить, пока дорожки не высохнут.

Я знаю, что некоторые люди выводят меня из состояния душевного равновесия. Не специально. Просто их обычная манера общения задевает мои болевые точ-

ки. Слишком не соответствует тем моим убеждениям, от которых я не хочу отказываться. Мне не переделать этих людей. Но я могу ограничить свое общение с ними. Верх глупости насиловать свою психику, постоянно общаясь с неприятными людьми.

Если вас регулярно выносит в негативные эмоции на чем-то определенном, то подумайте, как можно это убрать из своей жизни или минимизировать. Где-то не ходить. С кем-то не встречаться. Если совсем не встречаться нельзя по определенным причинам, то хотя бы постараться минимизировать встречи и продолжительность общения, пересмотреть формат общения.

Попробуйте вспомнить, есть ли у вас примеры общения, которое тяготит. А я пока приведу свои примеры из практики.

— Мне тяжело общаться с подругой. Она разными способами, не прямо, но косвенно, дает мне понять, что я хуже ее. Она честно и искренне говорит мне о моих недостатках. А потом говорит: «Ты только не обижайся, кто тебе еще скажет правду, как не лучшая подруга». После каждой встречи я на несколько дней погружаюсь в плохое настроение.

— А зачем же вы продолжаете общение?

— Мы дружим еще со школы.

— А зачем? Что ценного есть для вас в этих отношениях?

— Ну, просто подруга. Приезжает иногда поболтать.

— За факт наличия подруги вы платите погружением в плохое настроение на несколько дней после каждой встречи. Зачем?

— Ну, она звонит, говорит, что хочет приехать в гости. И первые полчаса я ей даже рада, но потом…

— Вы имеете право сказать «нет»: «Нет, я не хочу говорить на эту тему. Нет, я не хочу слышать твою "правду"».

— А если она не перестанет?

— Вы можете сказать: «Нет, я не могу принять тебя у себя в гостях. Давай встретимся в кафе». В кафе легче прервать общение, когда оно станет некомфортным для вас. Можно встать и уйти. Это если вы не готовы сказать подруге: «Нет, я больше не хочу с тобой общаться».

* * *

— У меня есть любимая сестра и двое племянников. Я рада встрече с ними, но после каждого их визита к нам остается неприятный осадок. Племянники мне кажутся неуправляемыми. Они слишком шумные. Топают, прыгают, кидаются игрушками. Мне перед соседями снизу неудобно. Когда племянники уходят, мы считаем потери. То плафон разобьют, то игрушку дорогую сломают. Сестра их никак не ограничивает. Мне при родителях неудобно делать им замечания. Мои дети уже просят: «Мама, пусть они к нам не приходят». Посоветуйте, что делать?

— Если вы о своем дискомфорте не говорили сестре, не просили сделать детям замечание, то, возможно, сестра просто не догадывается. Вы можете сказать «нет»: «Нет, у нас нельзя бегать. Нет, у нас нельзя прыгать с дивана». Вы можете научить своих детей говорить «нет»: «Нет, эту игрушку брать нельзя», если игрушка для ребенка особо ценная, а угроза поломки слишком реальна.

— А если сестра обидится на такие ограничения?

— Выбор вариантов небольшой. Либо сообщить о своем дискомфорте и обозначить рамки, либо дальше все это терпеть. Если сестре так же важно общение с вами, как вам с ней, то она примет эти рамки. Если уж очень тревожно вводить ограничения на поведение племянников, то встречайтесь на территории сестры или на нейтральной территории. В парке, в развлекательном центре. Ищите способы снизить дискомфорт.

* * *

— Мама одноклассницы моей дочери очень общительна. Мы с ней не то чтобы подруги, но общаемся ближе, чем с другими родителями класса, просто потому, что наши девочки дружат. Она может позвонить, чтобы узнать домашнее задание, а потом еще полчаса рассказывать последние школьные сплетни или какие-нибудь личные факты. Мне так жаль тратить на это время, но не хватает решимости прервать ее речевой поток.

— Вы можете не брать трубку. Можете прислать сообщение: «Не могу говорить. Могу писать». Письменные коммуникации занимают гораздо меньше времени.

— Да, с телефоном понятно. А как быть с личной встречей? Когда мы детей после уроков встречаем, она тоже может на полчаса задержать меня разговорами.

— И что мешает вам сказать: «Извините, мы спешим»?

— Как-то неудобно.

— А если бы в тот момент вы внезапно вспомнили, что не выключили дома утюг, у вас появилась бы решимость прервать разговор?

— Да, конечно. Это ж утюг.

— Разве время вашей жизни имеет не бо́льшую ценность, чем утюг? Вы правда готовы тратить его на ненужные вам разговоры?

— Я поняла. Я теперь буду каждый раз представлять невыключенный утюг.

* * *

— У нас была такая классная компания. Мы часто собирались вместе, выезжали на природу на несколько дней. Все было очень дружно, весело. Но сейчас состав несколько изменился. Одна наша подруга вышла замуж и стала на наши сборы приезжать вместе с мужем. Но ее избранник позволяет себе нецензурные выражения. У нас это не принято. Дети ездят вместе с нами. Мы неоднократно просили его следить за речью, но ничего не меняется.

— Вы можете сказать подруге «нет»: «Нет, он больше с нами не поедет. Ты, если хочешь, можешь приезжать, но без него».

— Она без него не поедет.

— Она имеет право на этот выбор. А вы имеете право на свой выбор. Ради чего вы готовы терпеть во время отдыха неприятного вам человека? Если вам очень важно продолжать общение со своей подругой, придумайте для этого другой формат общения. Какой-нибудь девичник, где все будут без мужей.

У вас есть право выбора. У вас есть право отказа. Научиться говорить «нет» тому, что не нравится, можно в любом возрасте. Особенно важно, если у вас есть дети. Нет, не только потому, что детям нужны адекватные границы. А еще и потому, что им этот навык тоже пригодится.

— Можно поиграть твоей машинкой?

Ребенок отдает, а сам грустный стоит, играть хочет, за машинку тревожится.

— Дай покачаться!

И ребенок сразу уступает качели, хотя сам только что на них сел после получасового ожидания.

— Пошли к тебе в гости после уроков.

И ребенок внутренне сжимается от тревоги за свое имущество. В прошлый раз он подарил гостю любимого робота, сам того не желая. Просто потому, что не смог ответить «нет» на просьбу «а подари мне его».

> У вас есть право выбора. У вас есть право отказа. Научиться говорить «нет» тому, что не нравится, можно в любом возрасте.

НЕЙТРАЛЬНЫЕ СОБЫТИЯ

Любые события сами по себе нейтральны. Позитивными или негативными их делает наше восприятие.

У ребенка температура. Мама оценивает это как очень плохое событие, которое портит планы, создает сложности на работе из-за необходимости брать больничный, а еще это повод для сильной тревоги за здоровье ребенка. А ребенок в этот момент может радоваться: «Ура! В школу не пойду!»

Понимание того, что событие нейтрально и только от нас зависит, как к нему относиться, помогает взглянуть на него иначе. Взглянуть «с другого стула». В тренинге мы ставили по кругу несколько стульев, на спинки которых крепили названия разных эмоций. Стул радости, стул тревоги, стул гнева, стул печали. На каждый стул садился участник. Его задачей было реагировать на предложенное событие из определенной эмоции. Кто-то на все реагировал из радости. Кто-то — из тревоги. Потом участники пересаживались и смотрели на все из новой эмоции.

Событие 1

Платье в магазине при примерке оказалось мало.

Тревога: «Неужели я опять поправилась?»

Гнев: «Шить не умеют! Платье явно не на этот размер пошито!»

Печаль: «Никогда больше я не буду такой стройной, как в юности».

Радость: «Зато деньги сэкономлю!»

Событие 2

В детском саду объявили карантин по ветряной оспе.

Тревога: «Ребенок может заболеть!»

Гнев: «И это как раз перед отпуском!»

Печаль: «В прошлом году отпуск сорвался. Еще и в этом сорвется из-за ветрянки. Я такая невезучая».

Радость: «Класс! Возможность переболеть ветрянкой. Говорят, этим лучше в детстве переболеть».

Попробуйте относиться к событиям в вашей жизни, как к нейтральным. Для этого после привычной эмоциональной реакции «пересядьте на другой стул» взгляните на событие из другой эмоции.

==Найдите ваш «любимый стул»== — эмоцию, с которой вам ==легче всего смотреть на факты==.

Начинайте тренироваться смотреть на факт «с другого стула».

Можно прямо сегодня в какой-то момент переживаний остановить себя и усилием мысли «пересесть на другой стул».

* * *

Как-то давно эту историю нам рассказала руководитель методического объединения психологов ДОУ. Ее дочь ходила в садик. И вот сильно им не повезло с педагогом в подготовительной группе. Дама была неуравновешенная, орала так, что некоторые дети писались. А было это еще в давние советские времена. Никуда с подлодки не деться. В смысле, ребенка некуда перевести. И тогда мама-психолог (понимая, что поступает непедагогично, подрывая авторитет педагога, но чего ради дочери не сделаешь) объяснила дочке, что воспитатель — дура. «Понимаешь, она не на тебя орет. И не на других орет.

Она просто орет, потому как по-другому не умеет. Никто ее не любит. Она такая вся несчастная, вот и орет». После этого девочка перестала бояться воспитателя, уже не обращала внимания на ее ор.

Эту историю привожу не с целью напугать садиком — просто иллюстрирую прием. Мама дочку «пересадила на другой стул»: со стула страха на стул сочувствия. Девочка стала воспринимать воспитательницу не как страшную тетку, а как жалкую, глупую и несчастную, хотя орать та меньше не стала...

* * *

Если упражнение долго практиковать, то становится понятно, что продолжительные эмоции — это личный выбор. Однажды у меня потерялся кот. Никто не заметил, как он выбежал из квартиры. Мы даже сначала не поняли, что он убежал. Просто обнаружили, что кота дома нет. Удивление сменилось тревогой, а потом печалью. Печаль пришла после того, как мы с детьми облазили все близлежащие дворы, но так и не нашли кота. «Могу ли я посмотреть на это событие иначе?» — подумала я, вспомнив про упражнение со стульями. Печаль ушла, я даже смогла разглядеть в событии позитивные моменты. Отсутствие кота — это экономия на его питании и содержании. Больше нет проблемы поиска того, кто присмотрит за животным в период отпуска. Шерсть не будет валяться по квартире, можно реже делать уборку... При этом у меня было ощущение, что что-то не так. И я поняла, что *хочу* печалиться о пропавшем коте.

Я снова погрузилась в печаль, но это был мой личный выбор. А вечером кот нашелся, и было много радости по этому поводу. Хотя можно было и печалиться, потому что кот у нас был не очень дисциплинированный в плане туалета и доставлял немало хлопот. Но я выбрала радоваться. Мы можем выбирать эмоции, меняя свои мысли.

Важное дополнение по применению приема. Нет «правильных» и «неправильных» стульев. Одинаково плохо застревать на любом из них. «Пересаживание» — это развитие психологической гибкости. Некоторых клиенток с явной мазохистской составляющей приходится учить смотреть на ситуацию, наоборот, не со стула принятия и прощения, а со стула обиды и гнева. Например, когда нужно прекратить отношения, разрушающие личность.

Девушка длительное время находится в созависимых отношениях с молодым человеком, который регулярно создает унизительные для нее ситуации. Напивается, изменяет, оскорбляет ее при своих друзьях, пропадает на несколько недель, а потом как ни в чем не бывало возвращается. Она смотрит на это с привычным принятием и прощением. Она находит всякий раз слова для его оправдания: «Он не со зла. У него просто характер сложный. У него было детство трудное». А все потому, что «жить без него не могу». Чтобы разорвать такие отношения, требуется много энергии. Эту энергию дает эмоция гнева: «Стоп! С меня довольно!»

* * *

Дополнением к упражнению со стульями может служить игра *«Ну и что, а зато…»* В ней участвует один-единственный стул — стул радости. Игра тренирует умение мыслить позитивно.

Можно играть в группе. Первый участник называет какой-нибудь негативный факт. Например, «Сегодня идет дождь». Следующий участник отвечает ему: «Зато воздух свежее, пыль с улиц смыло, дышать легче». И сразу дает новое задание : «Меня уволили с работы». — «Зато будет повод подумать, чем больше хочется заниматься, найти дело жизни».

> Мы можем выбирать эмоции, меняя свои мысли.

Полагаю, группы у вас нет. Значит, игра будет «в одном лице». Сами называете факт, сами отвечаете: «А зато…» События для игры с самим собой даже придумывать не нужно, каждодневно что-нибудь происходит: «Опоздали в детский сад? Зато выспались».

Иногда возникают сомнения, не будет ли частое применение этого приема деградацией, отказа от достижений: «Эдак ведь можно в позитивного бомжа превратиться. Ну и что, зато живой и беспечный».

Есть два параллельных процесса. Один — движение вверх, достижение каких-то целей. Другой — помощь себе в удержании позитивного настроя. Второй процесс не мешает, а помогает первому, потому что позволяет оставаться конструктивным, не скатываться при неудачах в сильные переживания. Но если движение вверх отсутствует, человек ни к чему не стремится, тогда может наступить скатывание вниз, которое приведет к пофигизму бомжа. Это — параллельные процессы, сам по себе прием не вредит достижению цели. Невозможно навредить тому, чего нет. То есть если человек не вовлечен в процесс «движение вверх» и не имеет мышления «ну и что... а зато...», то это будет тот же бомж, только вечно мрачный и недовольный.

У человека, нацеленного на движение вверх, даже «зато» будет другое, отличное от «зато» человека без стремлений.

Сравните «зато»:

1. Собирались в поход, но пошел дождь.

    «Ну и что, а зато так приятно поваляться дома с книжкой».

    «Ну и что, а зато будет шанс испытать себя. Пройтись по хорошей погоде каждый сможет, а вот в дождь — это для сильных духом! Это особый драйв!»

2. Зарплата стала низкой.

    «Ну и что, зато здоров».

    «Ну и что, зато есть стимул поискать новую работу, на этой мне уже было скучно».

3. Партнеры по бизнесу кинули.

«Ну и что, зато получил урок, что бизнес не для меня, больше в бизнес не лезу».

«Ну и что, зато получил урок, буду впредь внимательно читать договор, чтобы не повторять старых ошибок».

Ищите свое «зато», которое будет способствовать развитию, а не деградации.

Часть 4

РЕСУРСЫ ДЛЯ ВАШЕГО СПОКОЙСТВИЯ

ВАШ ВНУТРЕННИЙ МИР

ЖИЗНЕННЫЙ БАЛАНС

Я выбралась в зал с твердым намерением заниматься телом и здоровьем. И была чрезвычайно горда собой. Переполняющая гордость продлилась недолго, буквально до начала занятия. До выполнения первой асаны. Потому что, как оказалось, надеть форму и прийти в зал недостаточно для ощущения себя спортивным человеком. Спортивным человеком был легко гнущийся инструктор, а я была негнущимся буратино. «Собака мордой вниз» в моем исполнении больше напоминала пасущегося оленя. Глядя на отражение в зеркале, я смогла подобрать только такую ассоциацию. Надо бы сделать зал для новичков без зеркал. Без зеркала гораздо легче убедить себя в том, что хоть что-то получается.

«Встаем в позу дерева!» — поступила команда от инструктора. Я успела подумать, что это как раз для меня. Очень аутентично. Именно деревом я себя и ощущала с самого начала занятия. Но оказалось, что моей деревянности недостаточно для выполнения этой асаны, суть которой в удержании равновесия, стоя на одной ноге. Максимум — я могла сохранять равновесие пять секунд, а потом тело клонилось то вправо, то влево, то вперед. Мозги, прокачкой которых, в отличие от тела, я занималась без перерывов, тут же придумали метафору про жизненный баланс. Это умение держать равновесие относительно всех лично значимых жизненных сфер, не заваливаясь в какую-то одну сторону. Словно стою я в центре круга, разделенного на секторы: работа, семья, здоровье, друзья, увлечения. И от каждого сектора ко мне трос протянут. Чтобы удержать себя в вертикальном положении, важно следить, чтобы натяжение всех тросов было одинаковым. Натяжение усиливается там, куда уходит мое внимание, моя энергия, мое время. Если сильно погрузиться в работу, направить туда все внимание, она перетянет. Я даже представила себе картинку, как человек заваливается всем телом в направлении сектора «работа», оборвав трос «семья» и трос «здоровье». Вернуться в устойчивое положение ему будет очень непросто. Не лучший вариант упасть в сектор «семья» — потому что это тоже не про баланс: человек завалился, лежит, связь с другими сферами оборвана. Три направления — это необходимый минимум, обеспечивающий устойчивость. Чем больше у вас направлений деятельности, которые вы считаете важными для себя, тем выше шансы на устойчивость. Но недостаточно просто придумать направление деятельности, нужно еще уделять ему внимание. И здесь работает обратное правило: чем больше направлений, тем сложнее равномерно распределять между ними свое внимание. Таким образом, каждый человек, в зависимости от своих пожеланий и возможностей, сам может решить, между каким количеством направлений он будет балансировать.

В течение жизни этот комплект может меняться и по количеству, и по качеству. Вот молодая мама с малышом на руках. Она выделяет для себя три важных направления: забота о ребенке, отношения с мужем, уют в доме. Балансирует между прибраться — поиграть с ребенком — пообщаться с мужем. Если весь день играть с ребенком, то уборка сдвинется на вечер, а вечером хотелось бы с мужем побыть вдвоем. Если еще и вечером не прибраться, беспорядок начнет раздражать. Баланс в условиях нехватки времени — это когда приоритетность выбранных направлений циклично меняется. Сегодня в приоритете муж, завтра — ребенок, послезавтра — уборка. Нет, это не значит весь день заниматься уборкой. Это значит уделить уборке внимания больше, чем обычно. Если же приоритетность будет неизменной, то что-то постоянно будет в недостатке, и равновесие нарушится.

> Чем больше у вас направлений деятельности, которые вы считаете важными для себя, тем выше шансы на устойчивость.

Вот женщина научилась балансировать между мужем, ребенком и уборкой, довела этот баланс до автоматизма и объединила в направление «семья». Ребенок стал более самостоятельным, уборки меньше, сил и свободного времени больше. Вышла на работу, записалась на курсы повышения квалификации. Теперь нужно балансировать между работой, учебой и семьей. Баланс дело такое, как ни старайся составить расписание, чтобы дела выполнять последовательно, все равно периодически будешь сталкиваться с необходимостью выбора, с расставлением приоритетов. Для баланса важно, чтобы приоритетность пересматривалась, менялась в зависимости от обстоятельств. Иначе сферы, надолго оставленные без внимания, провиснут.

- ✔ «В понедельник нужно сдать контрольную, поэтому погуляйте сегодня без меня» — выбор учебы.
- ✔ «У мужа день рождения, я никак не могу сегодня задержаться на работе» — выбор семьи.
- ✔ «Вынуждена пропустить занятия, на работе возникла необходимость в командировке» — выбор работы.
- ✔ «Я сегодня не выйду на работу. У ребенка температура» — выбор семьи
- ✔ «Поиграй немного сам. Маме нужно сделать несколько звонков по работе» — выбор работы.

Мама в балансе — точно цирковой артист, жонглирующий мячиками. В приоритете всегда тот мячик, который ниже к земле, потому что его нужно срочно ловить и подбрасывать. Для таких манипуляций, кроме хорошего распределения внимания, нужны еще ловкость и выносливость. И чтобы здоровья на все хватило. Поэтому желательно, чтобы одной из лично значимых жизненных сфер было здоровье. Поддержание хорошей физической формы. Поэтому в воскресенье с утра у меня теперь в приоритете йога, и пусть весь мир подождет. Через пару месяцев регулярных тренировок у меня будет идеально получаться не только шавасана.

ЗАПЛАНИРУЙТЕ ОТДЫХ

Время для отдыха необходимо планировать. Как планируем визит к врачу, поездку в налоговую или встречу с деловым партнером. Потому что, во-первых, если отдых не запланировать, велика вероятность того, что на него опять не останется времени. А во-вторых, отдых не менее важен, чем визит к врачу. И знаете, есть у меня гипотеза, что чем реже человек планирует отдых, тем чаще ему приходится планировать визит к врачу.

— Что-то я часто болеть стала. Неделю назад с температурой валялась. И сегодня опять. Голова болит, ничего делать не могу. Тупо сижу перед телевизором, сериал смотрю.

— А без температуры ты можешь позволить себе посмотреть фильм? Просто так поваляться?

— Нет конечно. Работы много.

— То есть температура — это единственная возможность поваляться и посмотреть фильм?

— Ну да, получается так.

— Тогда у тебя есть прямая выгода от температуры. Может быть, стоит планировать отдых перед телевизором, чтобы не сваливаться в незапланированную болезнь?

Выбрать время. Выбрать компанию (муж? дети?). Выбрать фильм. Предупредить домашних о своих планах. Сделать запись в ежедневнике, чтобы ничто из дел не прокралось на это место. И – валяться на диване, наслаждаясь просмотром. Ведь это запланированный отдых.

Один мой знакомый бизнес-тренер, он же руководитель агентства по подбору персонала, когда разговор зашел о наличии свободного времени, как-то показал разворот своего ежедневника. Ежедневник был расписан событиями с 7 утра до 22 вечера. Но туда, между

записями о встречах с первыми лицами крупных компаний, собеседованиями и совещаниями, были включены «Смотрю фильм с дочерью», «Гуляю в парке», «Обедаю у мамы».

— Ты знаешь, в какой-то момент я понял, что свободного времени у меня просто не может быть. Я всегда занят. Каждый час есть чем занять. Если я не буду планировать и записывать в ежедневник общение с близкими, то тогда пустые строки займет работа. В моей жизни останется только работа.

Однажды я тоже осознала важность планирования. Обратила внимание, что с одной подругой я встречаюсь значительно чаще, чем с другой.

— Надо как-нибудь встретиться! — говорим мы со Светой друг другу при телефонном разговоре.

— Да, как-нибудь соберемся к вам в гости.

«Как-нибудь» — это такая неопределенность, которая имеет свойство успешно растягиваться на несколько лет…

А вторая подруга присылает мне фотографию афиши какого-нибудь концерта или спектакля с вопросом: «Билеты берем?» Таким образом встречу мы планируем за несколько недель. Есть конкретный день, конкретный час, конкретное место встречи. В ежедневнике делается соответствующая запись. Серьезность намерения подтверждается купленными билетами. При таких условиях встречи происходят каждый месяц. Встречи с близкими надо планировать.

На действительно важные дела время всегда находится — это аксиома. Что считать важным — это личный выбор. Иногда нужно пересматривать приоритеты.

Жил-был человек. И была у него потребность в еде и крыше над головой. Понятная такая потребность. Базовая. И человек много работал, чтобы выйти на такой уровень доходов, который эту базовую потребность закроет. А когда закрыл эту потребность, все равно продолжал без отдыха работать. Уже по привычке. Как будто разогнался и не может сбавить скорость. Уже не только базовые, но и многие другие материальные потребности закрыл, а все равно работа на первом месте и «некогда отдыхать, работать надо». Кому надо? Зачем надо? А точно надо? Может быть, пришла пора пересмотреть приоритеты?

Жила-была мама новорожденного ребенка. И этот ребенок в силу возраста имел потребность в мамином присутствии. Понятная такая потребность. И мама ее понимала, поэтому долгожданный и любимый ребенок занял первое место в списке приоритетов. Она легко мирилась с тем, что не хватает времени на сон, что не всегда успевает пообедать, что времени на себя нет совсем... Но вот ребенку уже пять лет, а мамины приоритеты так и не изменились. И соответственно не поменялась ее жизнь. У нее по-прежнему нет времени на себя, она так же не высыпается и не всегда успевает пообедать. Она живет по расписанию кружков, секций, учебной и досуговой деятельности своего ребенка. В этом расписании нет времени лично для нее. Она живет в ожидании «вот будет у меня свободное время», а это свободное время никак не наступает…

Закон пустоты: пустота имеет тенденцию к заполнению. Если в пустую ячейку ежедневника вы не впишете то, чем вам хочется заняться, туда что-то само непременно впишется.

Люди делятся на два типа. Те, кто имеет тенденцию постоянно переносить дела на завтра. И те, кто постоянно переносит на завтра отдых. И знаете, негативные последствия однажды настигают и тех, и других. Те, кто переносит на завтра работу, однажды все-таки сталкиваются с необходимостью выполнить ее. В авральном режиме, в нервозном состоянии, на пределе возможностей. Те, кто постоянно откладывает на «как-нибудь потом» отдых, в лучшем случае столкнутся с неумением отдыхать. Перестанут видеть себя за пределами забот и обязанностей. Как будто осталась только функциональная часть («Я как функция»), а личностная исчезла. В худшем случае начнутся частые ОРВИ и другие сложности со здоровьем. Энергию, которую мы тратим на трудовые подвиги, необходимо восполнять.

> *Встречи с близкими надо планировать.*

Выходные тоже лучше планировать заранее. Включите в план мероприятие, несущее приятные эмоции. Обязательно такое, чем в будни обычно не занимаетесь. Выходные должны отличаться от будних дней, иначе они пролетят, как будто их и не было. У мам, чьи выходные и будни не имеют отличий, развивается синдром, именуемый «день сурка». Тягостное ощущение бесконечности рутины. При всей радости материнства может появиться чувство зависти к офисной жизни со строгим графиком и цикличностью труда и отдыха. Когда все считают дни до пятницы, делятся планами на ближайшие выходные, а в понедельник делятся впечатлениями. Чем насыщенней событиями выходные, тем они кажутся длиннее. Вот один сотрудник увлеченно рассказывает, что за пару выходных успел сходить в поход, в театр, в клуб, на выставку. Вот другой: «Выспался, прибрался, за продуктами съездил, чтоб на неделю хватило, еще какие-то дела по дому поделал. Выходные пролетели, будто и не было». Фактически у них было одинаковое количество часов в сутках, а субъективное восприятие отличается. Субъективное восприятие зависит от того, сколько событий и эмоций вложено в единицу времени.

Понятно, что с маленьким ребенком сложно насыщать свои выходные походами. Но, проявив творчество, можно внести разнообразие даже в размеренную режимом жизнь с малышом. Ежедневную прогулку провести не в ближайшем парке, а выехать в новое место. Пригласить друзей на совместную прогулку. Взять с собой на прогулку фотоаппарат и устроить фотосессию. Взять с собой планшет с фильмом и попкорн. Играть в кинотеатр на лавочке, пока малыш спит в коляске. (Велика вероятность, что именно в этот день малыш спать откажется и затея с фильмом провалится. Но можно есть попкорн. И если обычно вы гуляете без попкорна, то это тоже некоторое разнообразие.)

Отпуск. Он тоже может пройти незаметно, если никуда не выезжать. Но выезжать не всегда есть возможность. Что же делать? Даже если отпуск проходит безвыездно, его все равно желательно планировать. Иначе без плана каждый день покатится по наезженной колее. Отпуск намотается на колесо рутины. Чтобы этого не случилось, нужно творчески подойти к этой теме. Задать себе вопросы: какой отдых я хочу? Что мне поможет почувствовать себя отдохнувшим? Каких впечатлений мне хочется? Запланировать то, что обычно не делаете. Что-то новое на каждый день. Временно перестать делать то, что делаете всегда. Например, разрешить себе в отпуске не готовить. Устроить гастрономический тур по городу, обедать в разных кафе, каждый день знакомясь с новой кухней. Заодно и детям расскажете об особенностях национальной кухни разных народов, развивая их познавательный интерес. Или представить, что вы приехали из другого города. Вы — турист. Что бы вы хотели успеть посмотреть в этом городе за неделю отпуска? Где погулять? С кем встретиться?

ДОМ КАК МЕСТО СИЛЫ

Дом должен быть местом силы. Местом, куда можно вернуться в любом состоянии с уверенностью, что силы восстановятся.

Когда дом — место силы, это вовсе не значит, что из него никуда не хочется уходить или уезжать. Хочется периодически. Или даже постоянно, если вы любите путешествовать. Но потом непременно хочется вернуться. Для подзарядки. Дом необязательно должен быть лучшим местом на земле, вызывать восторг или обожание. Достаточно, если, переступая порог, вы ощущаете тихую радость: «Ну вот я и дома».

Пришел домой. Снял уличную обувь. Сунул ноги в любимые мягкие тапки, протопал в них на кухню, включил чайник — и чувствуешь, как захорошело. А ведь еще даже чай не попил…

Как понять, является ли дом местом силы?

Можно подобрать ассоциацию на то, как вы ощущаете себя в доме.

- ✔ «Мой дом — моя крепость. Мне представляется замок с высокими стенами. Ой, да ведь это темница. Серо и сыро».
- ✔ «Пыльный чулан, а вокруг пауки. Сбежать хочется».
- ✔ «Производственный цех. Все вокруг вертится. Шумно. Напряженно. Ответственно».

- ✔ «Колесо. Не знаю почему, но представилось такое колесо, которое в клетку к грызунам помещают. Дом даже не клетка, а именно колесо в клетке. Помимо несвободы еще и бегать нужно, чтоб колесо вертелось».
- ✔ «Нора крота, из которого света белого не видно».

Это все ассоциативные примеры, когда дом местом силы не является. Но есть и другие:

- ✔ «Избушка на курьих ножках. Не каждый зайдет. А внутри светло, тепло, уютно, пирогами пахнет».
- ✔ «Берлога. Только не из снега. Как будто это большое пуховое одеяло. Внутри тепло и мягко».
- ✔ «Гамак на берегу реки, на освещенной солнцем поляне».

А какая у вас ассоциация на дом?

Кстати, местом силы может быть не весь дом, а отдельная комната. Или даже не вся комната, а только кресло. У моей подруги есть кресло-качалка. Когда она садится в кресло-качалку, на колени непременно прыгает кошка. Качаясь в кресле под аккомпанемент мурлыкающей кошки, очень легко пережить утомление минувшего дня. А если еще кто-нибудь подаст какао с зефирками или чай с лимоном — моментально станет лучше.

Чувство дома у моей подруги появилось, когда появилось это кресло. Череда съемных квартир не давала ощущения дома. Стены — чужие. Мебель — чужая. Восприятие никак не хотело перестраиваться, «временное пристанище» не становилось «домом». Однажды ей приснилось, как она качается в кресле, завернувшись в плед. Состояние покоя и уюта осталось, даже когда сон закончился, и было оно таким приятным и напитывающим энергией, что непременно захотелось воссоздать его наяву. Так в ее жизни появилось кресло-качалка и вместе с ним ощущение дома. Квартиры продолжали меняться, но кресло переезжало вместе с хозяйкой. Она шутила: «Я как улитка, ношу домик с собой». Дом теперь там, где стоит ее кресло.

Есть знакомая, у которой местом силы в ее квартире стал подоконник. Широкий подоконник, на котором можно сидеть и смотреть на панораму города с высоты двадцать первого этажа. Можно пить чай, можно мечтать, а в светлое время суток можно читать или вышивать. Она любит вышивать, спрятавшись за тяжелыми плотными портьерами. Потому что если не спрятаться, трое детей не дадут вышивать. Они уже достаточно большие, могут играть самостоятельно, но когда мама попадает в поле зрения, сразу же всем от нее что-то нужно. Поиграть, почитать, завязать кукле бантик, найти потерянный куклой носок, спросить, почему у этой машинки колеса крутятся быстрее, чем у той, помочь раскрасить единорога. А самой маме нужно время от времени побыть в уединении, восстановить силы, чтобы не срываться на детей. Место восполнения энергии обнаружилось случайно, во время игры в прятки. Мама спряталась за портьеру. Сначала напряженно прислушивалась к поискам, подглядывала за водящим. Потом перевела взгляд в окно и залюбовалась открывшимся видом. Потом решила, что здесь достаточно удобно сидеть, и поймала себя на желании: «Пусть меня подольше не найдут».

Конечно, дети знают, где искать маму, и в случае необходимости релаксация будет прервана, но когда мама находится вне поля зрения, гораздо легче удержаться от соблазна вовлечь маму в свою деятельность. Есть еще одна, и может быть, даже более веская причина, почему моей знакомой важно отгородиться от остального жилого пространства плотными портьерами. Это страстная потребность в порядке и как следствие — привычка прибираться в режиме нон-стоп. Если она пьет чай на кухне, то не может удержаться, чтобы не протереть столешницу или раковину. В одной руке чашка, в другой — тряпка. Потом взгляд падает на плитку, которую тоже надо протереть. Потом она замечает отпечатки детских пальчиков на стекле дверцы духового шкафа. Наклонившись, чтобы протереть духовой шкаф, замечает фантики под столом. Рядом с фантиками замечает крошки и решает, что надо протереть пол. Отдыха не получилось... Лишь на подоконнике за плотными портьерами не видно беспорядка и потому спокойно.

А у вас есть чувство дома? Дом является для вас местом силы? Если нет, то место силы непременно нужно создать. Нет универсальных рецептов, как это можно сделать. Кроме одного: следуйте за личными ощущениями. Сделайте себе хорошо. А что есть «хорошо» — каждый понимает по-своему. Одному человеку для этого нужно расставить на полочках приятные глазу безделушки, а другому — убрать все безделушки с глаз долой. Один успокаивается разглядыванием фотографий радостных моментов из своей жизни, и ему важно, чтобы все стены были увешены фотографиями. Другой устает от информационного шума и пестроте фотографий и картин предпочитает «голые» ровные стены, монотонно окрашенные в пастельный цвет. Если друзья и родители советуют: «Выкинь ты этот старый диван», а вы чувствуете, что именно этот диван является местом, где вы наполняетесь силой, то не торопитесь с ним расставаться. Критерий может быть только один: «Это мне нравится. Это меня радует».

Однажды я была в гостях у хорошей знакомой. Она недавно родила второго ребенка, жаловалась на депрессию, на хроническую усталость, на «поесть не успеваю», на обиды на мужа, который мало помогает, долго на работе и т. д. и т. п. Классика. Ребенок проснулся, я пошла в спальню посмотреть на малышку. И увидела над кроватью картину. Белая тигрица куда-то бредет в окружении тигрят. Внешне красиво, но эмоционально тяжело. У тигрицы был очень усталый взгляд. При взгляде на эту тигрицу рождался следующий эмоциональный ряд: усталость, тревога, голод, страх за детей, ответственность, которую не с кем разделить.

> А у вас есть чувство дома? Дом является для вас местом силы?

Спрашиваю подругу:

— Тебя радует эта картина?

— В смысле?

— Тебе она нравится, ты любишь на нее смотреть?

— Нет.

— А почему она тут висит?

— Свекровь подарила.

— Что ты чувствуешь, когда смотришь на картину?

— Что я усталая мама. Но я и так усталая мама.

— Угу. Ты только утром глаза открыла, картинку увидела и сразу вспомнила, что ты усталая мама. И весь день ищешь этому подтверждение. Если не нравится эта картина и это состояние — убери картину.

— Свекровь обидится.

— Как хочешь.

Через две недели прислала мне фотографию новой картины в своей спальне с комментарием, что теперь преобладает позитивное настроение, улучшились отношения с мужем, в их жизнь вернулся секс. На картине мужчина и женщина, танцующие танго: эмоции любви и страсти. Спросила меня: «Это что, фэн-шуй?» Может, и фэн-шуй... У меня более простое объяснение: когда вас окружают предметы, которые радуют, существенно легче радоваться жизни.

ЛЮБИТЬ СЕБЯ. КАК?

«Научиться себя любить и принимать» — очень распространенный совет. Правда, обычно он звучит без уточнения, как это сделать. Как будто достаточно услышать магическую фразу: «Себя надо любить и принимать» — и автоматически запускается процесс любви и принятия. Увы... Ежеутренняя мантра «Я себя люблю. Я себе нравлюсь», старательно произносимая перед зеркалом, тоже как-то мало приближает к желаемому ощущению любви и принятия. Правильные слова не работают, когда они звучат из неправильного состояния. Состояние — первично. Из состояния нелюбви слова «я себя люблю» будут звучать фальшиво. Так фальшиво в паре звучит вытребованное, вынужденное признание у человека, который уже решил, что любовь прошла, но еще не решил уйти. Устало и раздраженно: «Да люблю я тебя» — с подтекстом «только отстань».

Я не случайно взяла пример про отношения в паре. Так проще объяснить, что значит любовь к себе. Ведь любить кого-то другого могут многие из тех, у кого любить себя не получается.

Вот женщина, которая не знает, как ей полюбить себя. Но при этом у нее есть ребенок, которого она любит. Еще она любит своего мужа, своих родителей, свою сестру и даже свою собаку.

— Как вы их любите? Точнее, что вы делаете? На какие поступки вас мотивирует чувство любви?

— Муж и ребенок. Я забочусь о них. Для них я создаю уют в доме. Стараюсь их вкусно накормить и чем-то порадовать. Стараюсь удовлетворять их потребности. Забочусь о развитии ребенка. Мне хочется часто обнимать их и целовать.

Родители и сестра. Я стремлюсь проводить с ними время, организовывать интересный досуг. Я люблю делать им подарки.

Собака. Я выгуливаю ее каждый день. Ухаживаю. Стараюсь ей сделать приятное. Она любит, когда ее гладят.

— **Если бы мы сейчас с вами составляли инструкцию «Как любить другого», то получился бы вот такой список:**

«Обнимать, целовать, гладить, ухаживать, заботиться, вкусно кормить, создавать уют, радовать, помогать в развитии, удовлетворять потребности, интересно проводить вместе время, делать подарки».

Вы согласны с этим списком?

— Да.

— **Вот так нужно любить и себя.** Делать себе подарки, удовлетворять свои потребности, заботиться о себе, окружать себя уютом и вкусно кормить. Находить время для того, что интересно. Заниматься саморазвитием.

— А как себя обнимать и целовать?

— Как вариант — с помощью другого. Это же двухсторонний процесс. Но можно расширить этот пункт инструкции до формулировки «доставлять телесное удовольствие». Иными словами, делать то, что приятно телу. Массаж, spa-процедуры, баня, бассейн, йога, танцы.

— Понятно.

— Можете сейчас проанализировать, что из этого списка «Как любить себя» есть в вашей жизни на регулярной основе?

— Пожалуй, только «вкусно кормить».

Знаете, это очень опасно, когда из всех возможных проявлений любви к себе остается только «вкусно кормить», это часто приводит к лишнему весу. Женщины, желающие сбросить лишний вес, придумывают жесткие ограничения в еде, тем самым лишая себя единственного проявления любви. Вот тут и начинается самая острая фаза нелюбви к себе. Самое гадкое настроение. Не надо так. Все диеты, все трансформационные мероприятия должны начинаться с любви к себе, тогда их легче выдерживать.

Думаю, все со мной согласятся, что самым главным фактором для развития и роста ребенка является безусловная любовь родителей. По отношению к себе безусловная любовь так же важна. Когда вы начинаете работать над собой, то прежде всего полюбите себя. Любовь к себе, забота о себе — вот самая надежная основа для успешной трансформации. Даже если хочется что-то в себе поменять, делать это нужно из любви к себе. Порядок «сначала я изменюсь, а потом начну себя любить» не эффективен.

Представьте ребенка, который весь в соплях, с температурой и постоянно ноет. Что скажут ему родители? Как будут его лечить? «Терпеть не могу, когда ты такой. Вот выздоровеешь, станешь красивым, спокойным, улыбающимся, тогда я тебя буду любить. Быстро пей лекарство!» Или: «Ты мой хороший. Я тебя люблю. Ты скоро поправишься. Я принесла тебе лекарство. Что-нибудь еще хочешь?» В каком случае ребенок быстрее поправится? К себе в сложных периодах надо относиться так, как бы относился мудрый родитель. Любить, поддерживать, заботиться.

На этом примере можно проследить разницу между «любить» и «принимать». Так как часто эти слова идут в паре, многие воспринимают их как синонимы, ставят между ними знак равенства. Но любить не равно принимать. Мама может очень любить своего ребенка, но при этом не принимать какие-то его проявления, хотеть исправить, изменить. «Я не могу принять проблемы в речи моего ребенка. Я хочу, чтобы он чисто произносил звуки и стал более смелым в общении, поэтому я вожу его на занятия к логопеду», «Я не могу принять сутулость моего ребенка, поэтому я вожу его на гимнастику», «Я не могу принять неуспеваемость по школьным предметам, поэтому я пригласила репетитора». Это всё примеры «люблю, но что-то не принимаю». И себя можно любить, но не принимать какие-то свои проявления. Принимать — это не хотеть изменить или признать, что изменения невозможны. Принять — это согласиться: «Да, я такая». И спокойно предъявлять миру свою «таковость».

Учитесь любить себя безусловно. Есть много пунктов, что я хотела бы в себе изменить, улучшить, но пока это не мешает мне себя любить, я не вижу в этом проблемы. Более того, я считаю это нормальным — хотеть развиваться и совершенствоваться.

Когда есть безусловная любовь к себе, мотивация к переменам звучит так: «Интересно, а получится ли у меня похудеть?» Или так: «Наверное, я буду лучше чувствовать себя, если похудею. Пожалуй, стоит постараться и сделать это для себя».

Когда любви нет, мотивация к переменам звучит так: «Жирная безвольная корова, хватит жрать, посмотри на себя в зеркало».

Стремление к переменам из любви: «Ну ладно, сегодня мне важнее было выспаться. Но завтра я обязательно пойду в спортзал».

Стремление к переменам без любви: «Ленивая, слабохарактерная, опять пропустила тренировку».

> К себе в сложных периодах надо относиться так, как бы относился мудрый родитель. Любить, поддерживать, заботиться.

Стремление к переменам из любви: «Хочу перекрасить волосы в другой цвет. Интересно, как я буду выглядеть в новом цвете».

Стремление к переменам без любви: «Надо волосы покрасить, седину спрятать, а то страшно в таком виде на улицу выходить».

Стремление к переменам из любви: «Интересно, получится ли у меня выучить английский? Так-то я умница, надо просто серьезно за это взяться».

Стремление к переменам без любви: «Ну можно же хотя бы один язык выучить! Вот Светка на трех иностранных языках может болтать, а я даже одного не знаю. Стыдно».

«Люблю, но не принимаю» — так бывает. И наоборот тоже бывает. Давайте я вам пример приведу человека, который себя тотально принимает, но при этом не любит. Женщина, 65 лет. Лишний вес, варикоз, диабет. Принимает себя тотально. В смысле менять/улучшать ничего не хочет. Гордо несет себя миру «Да, я такая».

Помните список «Как любить себя»? Так вот, эта женщина ничего из перечисленного не делает. Не заботится о себе, не старается вовремя себя покормить, вовремя принять таблетку, позволить себе отдохнуть. Когда дети уговаривают ее поехать в город обследоваться, она отмахивается: «Вот еще, деньги тратить». Когда ей делают подарки, они их передаривает: «Мне уже ничего не надо. С тем, что есть, доживать буду». Дети тратят много усилий, чтобы улучшить жизнь и здоровье мамы, но постоянно сталкиваются с ее сопротивлением. Очень сложно любить человека, который сам себя не любит.

Полюбите себя. Теперь вы знаете, как это сделать. В этой главе есть список, как любить себя. Можете дополнить его своими пунктами. Вспомните, как обычно вы проявляете свою любовь другим людям. Начните так же поступать по отношению к себе.

КАК ДЕЛАТЬ ТОЛЬКО ТО, ЧТО ХОЧЕТСЯ

Жизнь взрослого человека как будто состоит из череды «надо», куда крайне редко прокрадывается «хочу». Начинается день с «надо вставать», «надо позавтракать», «надо бежать на работу». А заканчивается «надо спать ложиться». Планы на день, месяц или год тоже часто выстраиваются в формулировке «надо»:

- ✔ надо сходить в магазин за продуктами,
- ✔ надо погладить белье,
- ✔ надо сделать ремонт,
- ✔ надо сдать отчет,
- ✔ надо поздравить бабушку, и т. д.

Даже действия, которые непосредственно связаны с отдыхом и увлечением, привычно формулируются через «надо»: «Надо как-нибудь на рыбалку вместе выбраться», «Надо уже отпуск планировать».

Я наблюдала за собой, наблюдала за другими. Гораздо чаще звучит «надо», чем «хочу». Почему так? Наверное, потому, что «надо» более уважаемо в обществе. Вспомните, наверняка вам приходилось слышать презрительные и обесценивающие (если к себе обращены) комментарии: «Мало ли я чего хочу?!», «Хочется — перехочется!», «Хотеть не вредно!» И с совсем иной интонацией произносится: «Есть такое слово — НАДО!» Так возникает убеждение, что чего-то хотеть для себя вообще стыдно, о долге думать НАДО. Поэтому безопасней использовать в речи это самое «надо».

Действительно, в жизни ребенка встречается много разных «надо» — это то, чего от него или для него хотят взрослые, а сам ребенок не хочет. Совсем не хочет, и никакие уговоры взрослых не помогают ему этого захотеть. Вот тут и возникает «надо»: «Надо почистить зубы», «Надо сделать укол», «Надо идти в садик».

В жизни взрослого человека, действительно взрослого, если копнуть глубже, за каждым «надо» есть «хочу». Даже за «надо сделать ребенку укол» есть осознаваемое взрослым «хочу, чтобы ребенок выздоровел». Попробуйте в течение дня отслеживать все мысли, которые начинаются со слова «надо», и искать, какое «хочу» стоит за этим. Это помогает осознать, что практически все наши действия в течение дня — наш личный выбор. С утра до вечера мы заняты удовлетворением своих желаний. Здорово, правда?

Хочу встать с кровати, потому что хочу вовремя успеть на работу. И работать я хочу, чтобы деньги были. Можно же не вставать, не работать. Только тогда денег не будет... Хочу позавтракать, потому что хочу есть, и вообще это полезно для моего здоровья, а я хочу иметь хорошее здоровье. И в магазин после работы я сходить хочу, потому что хочу сама вкусно поужинать и вкусно накормить семью. Если таким образом переформулировать «надо» в «хочу», жизнь заиграет совсем другими красками. Она будет наполнена желаниями. Только делать это нужно вдумчиво, а не машинально переписывая одно слово на другое. Получившееся «хочу» обязательно должно вести к какой-то истинно вашей потребности.

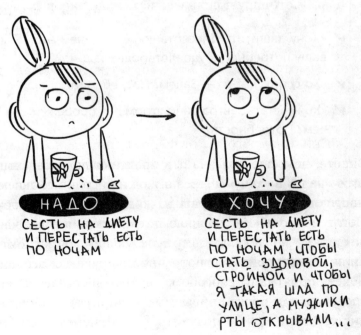

Если «надо помыть пол» просто заменить на «хочу помыть пол», то может возникнуть протест: «Да не хочу я его мыть!» Потому что на потребность не вышли. Какая потребность? Потребность в чистоте. Формулировка «хочу помыть пол, чтобы радоваться чистоте в моем доме» звучит более убедительно. Возможность радоваться вдохновляет на трудовые подвиги.

Допустим, «надо готовить» вы переделали в «хочу накормить мужа». Прекрасно. А в чем тут лично ваша потребность? Быть замужем и чувствовать себя в безопасности? Или потребность проявлять любовь и заботу, чувствовать себя нужной и любимой? «Хочу проявить любовь» мотивирует сильнее, чем «надо накормить».

- ✔ «Хочу защитить диссертацию». — Зачем это? Какую вашу потребность удовлетворяет защита?
- ✔ «Хочу похудеть». — Зачем? Потребность?
- ✔ «Хочу встать завтра рано утром для пробежки». — Зачем? Потребность?

Знаете, чем еще полезна эта практика по переделыванию «надо» в «хочу»? Через выход на истинные потребности она позволяет убрать из жизни лишние действия. После вопроса «Какую свою потребность я этим удовлетворю?» можно задать себе следующий вопрос: «Могу ли я удовлетворить эту потребность другим способом?» Более приятным способом, менее энергозатратным способом или более привычным. Например, радость от чистого пола можно получить, обратившись в клининговую компанию. А потребность в признании коллег можно удовлетворить не только через защиту диссертации. И может быть, в ходе размышлений утренняя пробежка будет заменена на вечернюю тренировку.

Иногда бывает, что от «надо» не получается выйти ни на одну личную потребность. Тогда можно спросить себя: «А оно точно мне надо? Это вообще мое "надо" или я его от кого-то услышала?»

> Попробуйте в течение дня отслеживать все мысли, которые начинаются со слова «надо», и искать, какое «хочу» стоит за этим.

Например, «надо водить ребенка в садик» у бабушки, в эпоху ее родительства, было связано с потребностью выходить на работу. У вас такой потребности нет, но бабушка настойчиво транслирует установку «надо в садик», оставшуюся еще с тех давних времен. «Надо в садик» — вы принимаете эту установку, как эстафетную палочку. И отводите малыша в сад. Адаптация сложно проходит, ребенок часто болеет, начинает заикаться, вскрикивает по ночам. Ребенка решают вести к психологу. Только психолог почему-то говорит, что ребенка в сад водить не надо.

— У вас есть потребность в садике? Вы хотите выйти на работу? — спрашивает он.

— Нет, я не работаю и не планировала в ближайший год выходить на работу.

— Вам хочется иметь возможность проводить время без ребенка, заниматься своими делами?

— Нет, он мне не мешает совершенно, я могу все свои дела вместе с ним делать.

— У ребенка есть потребность в общении со сверстниками? Он к ним тянется, хочет играть с ними, скучает по своим друзьям?

— Нет, он с ними не играет, сидит один и весь день плачет.

(Что неудивительно. Ребенку всего два года. Потребность в играх со сверстниками появляется позже, в три-четыре года.)

— Тогда зачем вам сейчас садик?

«Надо ходить в садик» в данном случае не имеет под собой никакого основания в виде потребности. От такого «надо» можно легко отказаться.

Жизнь становится гораздо спокойнее, если позволить себе отказаться от «надо», за которыми нет «хочу».

— А если это не мое желание? Мужа, например. Мы едем к его родственникам. Я не хочу. Но он настаивает. Если не поеду, обижается. Вот и получается, что не хочу, но надо.

— Здесь тоже есть «хочу», если копнуть поглубже. Что будет, если вы не поедете?

— Да ничего в принципе. Просто не хочется его расстраивать. Да и выходные с мужем предпочтительнее, чем без него.

— Я вижу здесь целых два «хочу»: «Хочу сделать мужу приятное» и «Хочу провести выходные с мужем».

— Да, а еще хочу избежать ссоры.

— Лучше сказать: «Хочу сохранить хорошие отношения».

— А это не одно и то же?

— При всей схожести это принципиально разные мотивации.

Есть мотивация положительная — и есть отрицательная.

Мотивация положительная — это стремление к чему-то хорошему.

Мотивация отрицательная — это избегание чего-то плохого.

Мотивация «К...» (к чему я хочу прийти) более эффективна, чем мотивация «От...» (от чего я хочу убежать).

В центре снижения веса первым заданием для клиенток было сформулировать, зачем им снижать вес. Проверка мотивации. Без мотивации вес не будет снижаться. «Надо похудеть» непременно нужно было переформулировать в «хочу».

Чаще всего звучало «от…»:

- ✔ хочу избавиться от одышки,
- ✔ хочу избавиться от тяжести,
- ✔ хочу, чтобы перестали надо мной подшучивать, избавиться от насмешек,
- ✔ хочу перестать пугаться себя в зеркале,
- ✔ хочу, чтобы дочка меня не стеснялась.

Реже звучала мотивация «к…»:

- ✔ хочу к морю в красивом купальнике,
- ✔ хочу нравиться мужчинам,
- ✔ хочу красивые наряды и любоваться собой в зеркале,
- ✔ хочу ощущения легкости и уверенности,
- ✔ хочу, чтобы дочка мной гордилась.

У тех, кто мотивировал себя чем-то замечательным впереди, результаты были выше, чем у тех, кто «убегал» от неприятностей. Почему? А вы попробуйте и сравните два вида движения: лицом вперед, разглядывая приближающееся светлое будущее, и спиной вперед, разглядывая то, от чего убегаете.

Пусть то «хочу», в которое вы превращаете «надо», будет связано с позитивной мотивацией.

ЗАМЕЧАТЬ ХОРОШЕЕ

Не грипп, но какое-то очень близкое к гриппозному состояние. Когда заложен нос, першит в горле, голова как в тумане, боль сдавливает виски, глаза слезятся, и есть только один факт, способный вытащить меня из-под одеяла: *тыжемама*. Я мама, а значит, надо. Сегодня никто, кроме меня. Волевым усилием стаскиваю себя с кровати и иду в детский сад за ребенком. Через дворы, чтобы максимально сократить путь, такой нелегкий в этот день. Снег еще не везде стаял, но проталин достаточно много. И на проталинах... нет, не подснежники — собачьи какашки, окурки и прочий мусор. Очаровательное использование подбалконного пространства двора местными жителями. Даже весна сегодня не радует. Мне плохо. Все бесит. В таком состоянии я способна замечать только грязь и какашки...

Обратно мы возвращаемся с ребенком этим же путем. И он — из другого эмоционального состояния — замечает восхитительно быстрые ручьи, набухшие почки на ветках, пушистого кота на балконе.

— Мама, а скоро мать-и-мачеха появится, да? А она уже завтра появится?

— Как бы завтра нас опять снегом не завалило...

Сегодня я мрачная пессимистка, уставшая от затяжной зимы.

— Мама, смотри! Это же свиристели!

— Саша, смотри под ноги! На какашку наступишь!

Мой внутренний психолог, даже простуженный, остается психологом и наблюдает. Ты, говорит, заметила, что транслируешь ребенку свою картину мира, подсовывая вместо свиристелей собачьи какашки? Заметила, прикусила язык, переключилась на свиристелей. Хорошо, что я не всегда в таком состоянии, иначе бы ребенок очень скоро перестал любоваться цветами и стал замечать в окружающем мире только какашки...

Окружающая нас действительность содержит гораздо больше информации, чем может обработать наш мозг. Поэтому мы и замечаем лишь незначительную часть того, что видим или слышим. Вот идут два человека по одной и той же дороге. Но один видит цветочки, а другой — мусор. Информация проходит через фильтры восприятия,

которые у каждого человека настроены по-своему. Чаще всего эти фильтры «самонастраиваются». То есть без нашего осознанного целенаправленного участия. Я иду и что-то замечаю. Это что-то бесспорно совпадает с моим настроением, моими мыслями, моими интересами.

Вот мы остановились на перекрестке. Рядом с нами папа с сыном, идущие из того же садика. Папа стоит и смотрит на светофор в ожидании зеленого сигнала. Возможно, он видит только светофор. Возможно, еще успевает замечать автомобили с тюнингом. Я смотрю на шапочку ребенка. Очень легкая она, не по погоде. Точнее, не по мне. Меня знобит, и из этого субъективного ощущения мне кажется, что все вокруг тоже мерзнут. Сашка вряд ли заметил шапку мальчика — это мимо его интересов. (Если, конечно, это не шапка с динозавром.) Его внимание привлекла игрушка, которую мальчик держит в руках. Синий робот-трансформер. Думаю, из десятка человек, собравшихся на перекрестке в ожидании зеленого сигнала светофора, далеко не каждый заметил синего трансформера. Но если бы накануне каждому объявили об акции «сфотографируй на улице города мальчика с синим трансформером и получи ценный приз», то таких заметивших было бы гораздо больше. То есть мы можем с помощью сознания целенаправленно менять свои фильтры восприятия.

Настроение влияет на то, что мы видим. Оно настраивает наши фильтры восприятия. Обратная последовательность тоже справедлива: то, что мы выбираем замечать, влияет на наше настроение. Хотите поднять настроение? Ищите вокруг то, на что нравится смотреть. Сознательно выбирайте смотреть на приятное.

— Аня, вот как выработать позитивный взгляд на вещи? Муж на меня весь отпуск ворчал. Говорит, что я ему отдыхать мешаю своим пессимизмом. А что, если я вижу больше, чем он? Я говорю, что в еде волос. А он мне: «Почему ты вечно волосы в еде находишь?! Мне вот никогда не попадался!» А я ему говорю: «Ты просто не замечаешь и жрешь их». Он после этого со мной до конца обеда не разговаривал. Мы зашли в номер отеля, он к окну: «Посмотри, какой вид на море!» А я вижу, что на полотенце пятно. Вот скажи, зачем полотенце лебедем сворачивать, если их как следует отбелить не смогли? Простыня какая-то несвежая, покрывало как будто сигаретой прожженное, коврик затертый, картина криво висит. Ну, я что вижу, то и говорю. А муж мне: «Пока ты говорить не начала, мне все в номере нравилось». Еще ведь с такой интонацией произнес, как будто это я виновата, что номер такой.

> *Хотите поднять настроение? Ищите вокруг то, на что нравится смотреть.*

Мы сидим с подругой на ее кухне. Я предлагаю ей посмотреть вокруг и отметить то, на что приятно смотреть. Она неторопливо оглядывает кухню.

— Ты знаешь, у меня сразу взгляд зацепился за немытую посуду и пыль на подоконнике. С улицы пыль несет, хоть каждый день убирай.

— Это твой привычный взгляд. А теперь давай позитивный.

— Плитку протереть пора.

— Оля, блин! Позитивный!

— Мне нравится мой кухонный гарнитур. Сама выбирала. Я только жалею, что фасады заказала глянцевые. На них отпечатки пальцев заметны. Мне нравится моя соковыжималка. Стильный дизайн. Еще бы была в другом цветовом решении, тогда б вообще идеально в интерьер вписалась.

— Оля, ты сама замечаешь за собой, что даже когда ты говоришь о том, что тебе нравится, ты сразу же сообщаешь о недостатках.

— Нет, не замечала… Действительно…

А как настроены ваши фильтры восприятия? Что вы замечаете в первую очередь? Посмотрите вокруг, на чем задержится взгляд? То, на чем задержался взгляд, порождает мысли со знаком плюс или со знаком минус?

Можно еще поиграть со своими фильтрами восприятия с помощью фотоаппарата. (Подойдет и камера, встроенная в телефон.) Берете фотоаппарат и идете гулять. Маршрут нужно построить так, чтобы обратно вы возвращались той же самой дорогой. Для начала ради эксперимента представьте, что у вас мрачное настроение. Как будто все бесит, все мерзко и гадко. Можете задействовать тело, ведь оно тоже меняется под настроение.

При сумрачном настроении человек обычно сутулится. Можно подключить мимику. Нахмуриться, сжать зубы и напрячь челюсть. Из этого состояния смотрите вокруг, стараясь заметить всякие гадости, мрачности, унылости, — и фотографируйте. Сделайте не менее десяти снимков. Дойдя до крайней точки маршрута, разворачивайтесь. Выдохните и поблагодарите себя за нелегкий опыт. Дальше будет легче и интереснее. Распрямляете спину, улыбаетесь миру, вспоминаете, что все прекрасно. В новом состоянии благости и безмятежности возвращаетесь обратно, замечая и фотографируя всякие прекрасности.

Я понимаю, что принцип прост и результат предсказуем, но настоятельно советую это упражнение выполнить. Одно дело, когда вы просто прочли, и совсем другое, когда увидели и прочувствовали эту разницу в восприятии реальности. А потом еще пересмотрите фотографии. Сначала мрачные. Потом радостные. А ведь это одно и то же место.

РЕСУРСЫ БУДУЩЕГО. ЕЩЕ ЧУТЬ-ЧУТЬ — И ПОЛЕГЧАЕТ

Иногда на маму нападает мрачная тотальность. Вот прямо так: раз — и напрыгивает. Причем всегда в минуты, когда что-то явно не так, как надо, не так, как хочется. «Никогда-никогда я не буду спокойно спать ночами», «Никогда-никогда ко мне не вернется моя прежняя беспечная жизнь», «Никогда-никогда я не смогу реализо-

РЕСУРСЫ ДЛЯ ВАШЕГО СПОКОЙСТВИЯ

ваться в профессиональном плане». Из точки, в которой мама находится, начинает казаться, что теперь вся жизнь — это череда подгузников, потому что «он никогда не освоит горшок». Все прошлое сжимается до небольшого отрезка, зато сегодняшний день тянется невыносимо долго. А про будущее как-то вообще забывается.

Вернуть себя в реальность помогает линия времени, начерченная на листочке в клеточку. Вот точка рождения мамы. От нее вправо ведем длинную-длинную линию. Вот точка рождения ребенка. Между ними 24 клеточки — по числу лет, прожитых мамой до рождения ребенка. Еще одна клеточка вправо — и ребенок начнет относительно спокойно спать ночью. Еще одна клеточка — и будет проситься на горшок. Еще полклеточки — и останется гостить у бабушки, а дорвавшиеся до свободы родители устроят себе «прежнюю беспечную жизнь». И если на эти две-три клеточки посмотреть в формате всей жизни, то увидим мы сравнительно небольшой промежуток времени. Ресурс линии времени — знать, что так будет не всегда. В некоторые моменты это может очень хорошо поддержать. Особенно если об этом скажет кто-то, кто уже прошел через рождение ребенка много клеточек раньше.

— Мама, ну когда же он будет спать?!

Четыре утра, а малыш гулит в кроватке, бодр и весел, зовет вместе с ним радоваться жизни. Не каждый взрослый, надо сказать, способен радоваться жизни в четыре утра. Ну, разве что любящая бабушка.

— Подожди, доча, еще чуть-чуть, и будет спать. О, знаешь как будет спать? Разбудить не сможешь! Особенно в садик.

Между «О боже! Когда же он будет спать? Это нормально — вставать в четыре утра?!» и «О боже! Когда он уже проснется?! Это нормально — спать до часу дня?!» проходит всего каких-то 13 лет.

Это после пятой бессонной ночи подряд кажется, что «всю жизнь теперь не спать». А если рассматривать бессонные ночи на линии времени, то даже 13 клеточек из 70 гипотетических (среднестатистическая продолжительность жизни) — сравнительно небольшой отрезок.

Когда сложно найти ресурс в настоящем, можно поискать его на линии времени. Что там, в будущем, правее от актуальной точки, будет радовать?

- ✔ Еще чуть-чуть, и придет лето.

- ✔ Еще чуть-чуть, и поедем в отпуск.

- ✔ Еще чуть-чуть, и младшего на три часа в садик, и появится время, когда я одна и сама для себя.

- ✔ Еще полгода, и можно будет регулярно ходить в спортзал.

- ✔ Еще чуть-чуть потеплеет — отмою окна после зимы, оборудую себе для отдыха уголок на лоджии, чтобы пить там чай и смотреть на закат.

- ✔ Еще год, и можно будет вернуться к работе.

- ✔ Еще пять километров пути с рюкзаком за спиной — и привал, а там горячий кофе из термоса с припасенным эклером...

У каждого найдутся свои события, формирующие радость жизни. Если же их нет, непременно надо запланировать. Энергию дает не только сам отпуск, но и его планирование, предвкушение.

Ресурсом может быть не только умение из настоящего смотреть в будущее, но и умение из будущего смотреть на настоящее. Взгляд из будущего способен поменять состояние в настоящем. Для этого можно задать себе простой вопрос: «То, что сейчас происходит, действительно стоит таких бурных переживаний? Вспомню ли я это через полвека или даже через год?» Можно даже на какое-то время прикрепить на видное место фотографию женщины, какой вы бы хотели видеть себя в глубокой старости. Например, уверенная в себе старуха с насмешливым взглядом. У нее уже столько житейской мудрости, что она может смотреть на все свысока, и многое ей кажется мелким, не стоящим бурных переживаний.

Годовастик впадает в гневную истерику, потому что я не разрешила ему есть корм из миски кота. Это уже пятая истерика за сегодня. Силы на нуле, и, кажется, нервы тоже на исходе. Хочется так же рухнуть на пол и орать от гнева и бессилия. Или позволить съесть корм и выиграть несколько драгоценных минут тишины? Из-под магнитика на холодильнике насмешливо смотрит седая дама с ярким маникюром. Вспомню ли я об этом через год? Вряд ли… Вспомню, когда будем отмечать его совершеннолетие. Вот тогда я ему все припомню. И кошачий корм, и изрисованный диван, и купание в луже у подъезда.

> *Взгляд из будущего способен поменять состояние в настоящем. Для этого можно задать себе простой вопрос: «Вспомню ли я это через полвека или даже через год?»*

Это будет мой звездный час. Я буду вспоминать, а он будет смущенно поглядывать на свою девушку и просить меня басом: «Мам, ну хватит».

РЕСУРСЫ НАСТОЯЩЕГО. УДОВОЛЬСТВИЯ КАЖДОГО ДНЯ

ОК, с будущим разобрались. Теперь будем искать ресурсы в настоящем. Пусть будет больше ресурсов хороших и разных.

Удовольствие — наиважнейший ресурс, который должен быть ежедневно. Без удовольствия мы скатываемся в негативные эмоции, жизнь не радует, окружающие бесят и т. д. и т. п.

Причина не в том, что нет в жизни удовольствия, а в том, что мы не умеем извлекать удовольствие из того, что есть. Социальные сети пестрят мотивирующими картинками и фразами про радость в настоящем: «Чтобы жить и радоваться, надо жить и радоваться». Только ответа на вопрос «Как?» послание не содержит. А так хочется иметь простое практическое руководство. Хочется? Пожалуйста, делюсь секретом.

Получение удовольствия — это не столько результат стечения обстоятельств, сколько навык. А навык — это то, что можно развить путем длительных тренировок. Давайте прямо с сегодняшнего дня начнем радоваться обычным вещам. Внимательно всматриваясь, внюхиваясь и вообще внедряясь всеми органами чувств в окружающую действительность — будем наслаждаться.

Прямо сейчас я могу наслаждаться чириканьем птиц за окном, урчанием кота на коленях, запахом печеных яблок и корицы (кстати, надо сбегать на кухню и выключить плиту). Могу любоваться цветущим каланхоэ на моем столе. И при этом работу работать, сидя у компьютера.

Для наслаждения можно не выделять отдельное время — учитесь наслаждаться параллельно с разными делами. Например, можно наслаждаться во время чистки

унитаза. Я серьезно. Петь в процессе и наслаждаться переливами своего голоса. Или можно наслаждаться поразительным контрастом между грязным и уже отмытым.

Прямо сейчас оглянитесь по сторонам, найдите то, на что приятнее всего смотреть, полюбуйтесь, получите удовольствие. Потом отправляйтесь искать запах. Можете к полочке с парфюмерией подойти, можете к холодильнику (если не в процессе снижения веса), можете к баночкам со специями. Найдите запах, который вам больше всего понравился. Когда проголодаетесь, начните не просто есть, а вкушать. Медленно, с чувством распробуйте все, что попадет вам на язык. Маленький кусочек раскатайте по языку так, чтобы уловить разницу в восприятии вкуса разными участками языка. Получите удовольствие от процесса. А потом начинайте все трогать: гладкое, мягкое, шершавое, шероховатое, холодное, теплое, колючее... Это упражнение великолепно совмещается с прогулкой. Вы знали, что снег бывает разный на ощупь? Бывает очень мягкий, а бывает колючий. Кора деревьев отличается на ощупь. Пересыпайте песок из руки в руку, просеивайте между пальцами. Получите удовольствие от процесса. Что больше всего понравилось трогать? Звук. Вы знаете, что каждый предмет как-то звучит? Устройте с ребенком познавательно-развлекательную игру: играйте мелодию на всем, что есть дома. Барабанить можно по столу и прочей мебели — звук будет отличаться. Попробуйте аккуратно поиграть на посуде, например, стуча ноготком по краю стакана.

Можно поставить фоном тихую мелодию и подыгрывать в такт на чем придется. Уверена, и вам, и ребенку понравится такой импровизированный оркестр.

Все эти упражнения имеют общую цель: научить извлекать удовольствие из настоящего момента. Чтобы получение удовольствия стало именно навыком, нужна регулярная практика. Каждый день. Несколько раз в день. Если совсем ответственно подойти к формированию навыка, то можно заводить будильник на произвольное время в течение дня. И в момент, когда он просигналит «Время пришло!», нужно сразу найти то, что приятно глазу, что ласкает слух, от чего кайфует тело (комфортное тепло или свежий ветерок, или листиком по щеке, или мех на воротнике погладить), и то, от чего радостно сознанию.

Очень скоро вы убедитесь, что для радости не требуется каких-то жестко определенных условий. Если мы умеем получать удовольствие, нам легче поддерживать свое состояние в эмоциональной стабильности. Когда вы привыкнете находить удовольствие в моменте (сначала по сигналу будильника, а потом, если будете регулярно выполнять упражнение, то и без него), попробуйте проделать то же самое в момент, когда зарождается раздражение. Поймали раздражение, выдохнули, оглянулись по сторонам в поисках удовольствия: вот картина красивая, кофе пахнет вкусно, столешница такая приятная на ощупь, холодная и гладкая, музыка фоном приятная играет — ну вот, жизнь хороша, прибить уже никого не хочется. А еще лучше получать удовольствие от себя: вот маникюр красивый, духи вкусно пахнут, кожа рук на ощупь такая нежная и гладкая — жизнь хороша в любом месте, потому что у меня есть я.

РЕСУРСЫ В ПРОШЛОМ

А еще можно поискать ресурсы в прошлом. Ведь было же там то, что радовало и заряжало энергией. Доставляло удовольствие, но почему-то ушло из жизни. Может быть, это можно вернуть? Если не в точно таком же, то в измененном виде, адаптированном под новую реальность.

«Когда-то в школе я любила играть в баскетбол». Как это привнести в реальность многодетной мамы? Купить мяч — и с детьми на площадку.

«Когда-то в детстве мне очень нравилось рисовать. Но с тех пор как я закончила художественную школу, к краскам не прикасалась». А почему? Если это нравится?

То, что нравится, всегда заряжает энергией. Купите краски и рисуйте дома для себя. Можно не красками, если кажется, что красками хлопотно. Только разложишь краски — непременно что-то произойдет такое, что потребует срочного вмешательства мамы. Например, ребенок захочет попробовать краски на вкус или порисовать ими на диване. Ну что ж, радостно скажите: «Ура творческим экспериментам» — и купите взамен красок акварельные карандаши, восковые мелки или сангину. Можно даже делать наброски цветными гелевыми ручками.

«Когда-то, до рождения детей, я любила вязать. Но сейчас нет времени. Я пробовала. Бывало, загоришься идеей летнего ажурного пляжного платья, начнешь вязать… Но очень сложно время на это выкроить. Пока спинку связала, целый год прошел. Перегорела. И платье уже не так нравится, и, самое обидное, на два размера поправилась. Подумала, что пока довяжу, я в него влезть не смогу и носить не буду. Бросила и больше не вяжу». Но ведь можно вязать не платья, а что-то небольшое, чтобы результат был быстрым и приносил удовольствие. Вязаные маленькие игрушки. Декоративные подушки. Уютные пестрые тапочки. Забавные сумочки для телефона в подарок подругам.

Еще как вариант — вязать просто так. Ради процесса. На одном семинаре я видела женщину, которая вязала. Слушала информацию и вязала. К ней все приставать начали с вопросом:

— Что вы вяжете?

Она говорит:

— Я просто вяжу. Мне нравится вязать. Мне доставляет удовольствие вязать, и я это делаю. — И для демонстрации серьезности своих слов она легким движением руки распустила связанное ранее под дружное «Ах!». Полюбовалась произведенным эффектом и, улыбаясь, начала снова набирать петли на спицы.

— Но ведь можно же было шарфик из этого сделать, — сказала женщина, отказывающаяся принять факт отсутствия практичности.

— Зачем? Я не буду носить такой шарфик. Я в принципе не люблю носить вязаные вещи. Я люблю вязать.

— Можно же кому-нибудь связать…

— Можно. Но я не хочу думать, кому и что связать. Я хочу вязать.

— Если вы любите вязать, можете дать объявление: «Вяжу на заказ».

— Я не хочу вязать на заказ. Я получаю удовольствие от процесса. А когда вяжешь на заказ, фокус внимания перемещается на результат. Я начну беспокоиться по поводу результата: успею или не успею к сроку, понравится или не понравится, подойдет по размеру или нет, заплатит заказчик или нет, надо ли брать аванс, а если надо, то сколько. У меня тогда удовольствия не останется.

— Зато будут деньги, а не просто так вязать-распускать, — привела весомый аргумент практичная женщина, умеющая все превращать в доход.

> То, что нравится, всегда заряжает энергией.

— Я на основной работе зарабатываю достаточно для того, чтобы не превращать свое увлечение в еще одну работу.

— Но можно же не для денег, а как благотворительность. Вязать носки и варежки для детей из детского дома.

Любительница вязания на секунду зависла. Потом демонстративно сняла со спиц нечто-без-шанса-быть-довязанным и, шустро наматывая нить на клубок, расплылась в благодарности к собеседнице:

— Спасибо вам! Знаете, я вот прямо сейчас благодаря вам поняла, что на самом деле мне доставляет удовольствие распускать связанное. Я вяжу, чтоб распускать.

Собеседница моментально ушла. То ли «вяжу, чтоб распускать» по сравнению с «вяжу для удовольствия» имело, по ее мнению, какой-то смысл, то ли она заподозрила у женщины с клубком компульсивное расстройство (психическое расстройство, проявляющееся навязчивыми действиями).

Частичка той женщины, мне кажется, есть если не в каждом, то у многих. Вспомните, было ли такое, что вы отказывали себе в удовольствии, потому что оно совершенно лишено практичности? Если это бывает редко, то ничего страшного. Если же вы постоянно отказываете себе в удовольствии ради практичности, то это может закончиться неврозом. Ну, или не неврозом, но потерей себя (честно говоря, не знаю, что хуже). Я вам пример приведу, для наглядности.

Жила-была женщина, которая очень любила принимать ванну. С ароматическими маслами и пушистой пеной. И чтобы верхний свет был выключен и только мягкое мерцание свечей создавало атмосферу. Лежать, мечтать, медитировать — это было ее регулярным ритуалом, выражением любви к себе.

Однажды в ее жизнь пришел очень практичный мужчина и сразу остался жить, потому что непрактично часто ездить с другого конца города в гости.

Очень практичный мужчина посчитал, сколько литров воды она расходует, так часто принимая ванну. Сказал, что это непрактично. И свечи жечь понапрасну — непрактично. И пена для ванн с аромамаслами — баловство такое ненужное и недешевое. И в ванне лежать так долго не нужно, потому что много времени зазря тратится, а можно было столько всего полезного сделать, вместо того чтобы просто лежать и мокнуть. Надо быстренько под душем ополоснуться — и время экономится, и вода, и деньги.

И когда женщина стояла под душем, представляя, что это теплый тропический дождь, смывающий все печали минувшего дня, практичный мужчина стучал в дверь и учил: «Ты, когда намыливаешься, воду выключай, чтоб зазря не лилась». Так что представлять дождь женщина тоже перестала. А еще она перестала улыбаться, шутить, быть легкой и радостной. Перестала быть собой. Мужчина сказал: «Я тебя не такую полюбил» — и ушел. Женщина сначала хотела заплакать (или даже заплакала, я уже точно не помню), а потом вспомнила, что теперь можно принимать ванну, и плакать передумала. Вместе с ресурсом прошлого к ней вернулись радость бытия, легкость и смешливость, а потом и мужчина появился (только уже другой мужчина, не очень практичный).

НАСЛЕДУЕМЫЕ ПРАКТИКИ УСПОКОЕНИЯ

У наших бабушек, прабабушек и прапрабабушек тоже в жизни случались стрессовые ситуации. Но каким-то образом они свое психологическое состояние выравнивали, восстанавливали. Были у них свои интуитивные психологические практики: повторяющиеся действия, которые успокаивали. Сесть и вышивать. Или прясть и петь. Уйти одной в лес и долго бродить. Пойти и дров на пару месяцев вперед наколоть, сливая в этом процессе свою агрессию. И на бессознательном уровне эти практики могут передаваться по наследству. Человек совершает какие-то совершенно иррациональные действия, но это его успокаивает.

Женщина печет большую гору пирогов с картошкой. «Зачем ты это делаешь? У нас их никто не ест! У тебя три дочери, и все на диете!» А у нее потребность печь пирожки с картошкой. Это ее практика успокоения. Так делала ее мама.

Женщина поет. «Мама не пой, у тебя же ни слуха, ни голоса!» А у нее есть потребность петь. Поэтому она закрывается в ванной комнате, включает воду и поет... Это ее практика успокоения. Она поет песни, которые слышала еще ребенком от своей матери, когда сидела в большом алюминиевом тазу в бане. Мама мылила ее мочалкой и пела.

Женщина едет в спортзал и азартно колотит боксерскую грушу. У нее есть в этом потребность. Ее бабушка успокаивалась колкой дров... В мегаполисе трудно найти дрова, поэтому женщина колотит по груше.

Женщина вяжет носки. Носки никто не носит. Нет у семьи потребности в теплых шерстяных носках. Есть мембранная обувь, пол с подогревом. Но у женщины есть потребность вязать носки. Так делали ее мама и ее бабушка. Это ее практика успокоения.

Женщина ходит по грибы. Наполняет корзинку опятами, волнушками, лисичками. Потом заходит к соседке и отдает ей грибы. Соседка радуется, но не понимает: «Как так? Четыре часа по лесу ползать, от комаров и мух отмахиваясь, а потом все грибы отдать». Для нее грибы представляют ценность, а для той женщины — нет. Не любит она грибы. Ни чистить, ни есть не любит. Она любит их собирать. Собирать грибы — это ее практика успокоения.

Женщина сажает картошку. Ей уже восьмой десяток. Годы, давление... Ей тяжело копать огород. У нее три сына-бизнесмена. Каждую весну у них начинается квест под названием «Найди время для огорода». Каждую весну они собираются на маленьком огородике старенькой дачи и соревнуются. Нет, не кто быстрее вскопает грядку, потому что для таких подвигов у них уже тоже годы и давление... А кто более важную командировку отменил ради маминой огородной прихоти, сколько стоит час рабочего времени у каждого и сколько кг отборного картофеля можно на эти деньги купить. У них нет объективной потребности в выращивании картофеля. Но у их мамы есть практика успокоения — выращивать картошку. Причем непременно своими силами, без привлечения наемной силы. Все лето она будет гулять меж зеленых кустиков, собирая колорадских жуков. И хорошие сыновья уже давно не спорят, потому что понимают: основная ценность в практике выращивания картофеля — наполнить смыслом мамино пребывание на даче. Ей так спокойнее. И, между прочим, однажды сыновья замечают, что им тоже так спокойнее: из этих теплых встреч друг с другом на природе (личных, не по скайпу и телефону) и простого совместного труда они черпают ресурс.

А у вас есть наследуемые практики успокоения?

НАС СПАСАЕТ ЮМОР

Чувство юмора — это то, что помогает сохранять самообладание в стрессовых ситуациях. В сложных переговорах рекомендуют шутить, чтобы сбавить градус напряжения. Если оппонента удается рассмешить, то конфликт исчерпан. Верх мастерства — уметь рассмешить себя.

Есть ситуации, которые можно легко переводить из разряда «ужас-ужас» в разряд «смешно».

У меня для этой цели всегда под рукой фотоаппарат. Два килограмма муки на полу — это смешно, плюс новая клёвая фотка в альбоме «Милые деточки». Жидкий корректор, которым ребенок, открывая, брызнул себе на лицо, — это повод со смехом пересказывать подруге реакцию воспитателя. (Потому что корректор не смывается. Ничем.)

Моя знакомая, мама троих детей, развлекается тем, что пишет короткие рассказы на своей страничке в социальной сети о проделках деточек. Каждый новый эпизод из жизни становится не источником стресса, а источником вдохновения. «Рецепт от шеф-повара Никитоса. Постельный бутерброд. Взять с кухни тарелку каши, пока никто не видит, унести в спальню, задумчиво размазать кашу по простыне». Пост собирает «лайки» и комментарии, а мама — эмоциональное поглаживание. У нее это уже вошло в привычку. А знаете, как работает такая привычка? В ситуации, когда что-то случается, в голове начинает непроизвольно складываться новый текст. «Я смотрю на кактус, свалившийся в аквариум, и автоматически начинаю подбирать художественную метафору для этого безобразия. Как бы, думаю, поинтереснее об этом написать. Энергия идет в творчество и не идет в злость. Злиться уже не хочется».

Супруги, обладающие чувством юмора, реже ссорятся.

«Я хотела его убить. Он поставил свои туфли поверх моих новых белых кроссовок. "Ты что, специально?!" — спрашиваю его. (Хотя сама понимаю, что не специально, просто не видит, куда ставит.) Я в ярости. А он так невозмутимо отвечает: "Конечно. Я же доминантный самец, люблю быть сверху. Ну, если сегодня ты хочешь разнообразия, то я разрешаю побыть сверху тебе", — и ставит мои кроссовки поверх своих туфель. Отходит, любуется и говорит голосом театрального критика: "Оригинально, свежо, но не брутально". Мне, глядя на эту постановку, хочется смеяться, а убивать уже не хочется».

Юмор помогает легко выдерживать неконструктивную критику человека, с которым нельзя просто прекратить общение. Можно даже начать писать сатирические рассказы по поводу упреков. Это реально помогает. У одной моей знакомой была вечно критикующая свекровь. Первое время знакомая очень переживала, все хотела понравиться, угодить. А потом включила юмор. Из упреков свекрови очень легко получались анекдоты.

***

— Суп — основа питания! Чтоб к моему приезду всегда был суп сварен!

Спустя некоторое время:

— А что ты нас всегда только супом встречаешь? Научись уже что-нибудь другое готовить.

***

— Я столько вашему ребенку одежды дарю, а вы хоть бы раз что-то надели!

К следующему разу мама надела на ребенка все, что было подарено, чтобы угодить свекрови.

— Ой, да вы своему ребенку даже одежду купить не можете. Все, что на нем есть, — все мною куплено!

***

— Вот соседкин сын матери какие шикарные букеты дарит. Сразу видно, благодарный вырос!

Купили к следующему празднику большой букет.

— Вам что, деньги девать некуда? Зачем такой непрактичный подарок? Они же завянут через пару дней!

***

Если это воспринимать серьезно, то можно уйти в довольно сильные переживания обиды и отвержения или раздуть конфликт. Безопасней для отношений и для психики — шутить. Не спорить, но и не молчать. (Молчать можно, если уже выработался иммунитет на подобные высказывания и они не вызывают эмоций. Если же внутри клокочет возмущение, то безопасней для себя его выразить, а безопасней для других — выразить его в форме иронии.)

* * *

— Научись что-нибудь другое готовить!

— Непременно. Я буду стараться. Вы не возражаете, если я буду накануне визита уточнять, что бы вы хотели видеть на столе?

* * *

— Ой, да вы своему ребенку даже одежду купить не можете. Все, что на нем есть, — все мною куплено!

— Мы просто очень доверяем вашему вкусу.

* * *

— Зачем такой непрактичный подарок? Они же завянут через пару дней!

— Самое главное, чтобы цветы заметила соседка. Тогда они будут до-о-олго свежими в ее памяти.

* * *

Выберите стрессовую ситуацию. Это может быть событие, конфликтный разговор, обидное замечание, чья-то критика. Попробуйте перевести все в юмор. Посмеяться над собой и ситуацией. Что у вас получится? Забавный фотоснимок? Карикатура? Короткий юмористический рассказ? Ироничная притча? Смешная реплика? Вспомните анекдот на эту тему.

А если нет чувства юмора, можно ли его развить? Да, конечно. Есть даже специальная литература. Но можно читать и не специальную — просто юмористические рассказы и фельетоны. Смотреть комедии и выступления сатириков.

ТЕЛЕСНЫЕ ПРАКТИКИ

Независимо от того, ходит ли мама на работу или «отдыхает» в отпуске по уходу за ребенком, в ее жизни есть место постоянным физическим и эмоциональным нагрузкам. А если еще и хронический недосып… Эмоциональное напряжение всегда приводит к напряжению мышечному. И наоборот: когда мышцы напряжены, мы не можем чувствовать себя расслабленными и отдохнувшими на эмоциональном уровне. При регулярных стрессах мышцы остаются напряженными даже во время сна. И тогда мама просыпается с чувством усталости.

Для снятия мышечного напряжения хорошо подходят «дикие пляски» под этническую музыку. Например, под африканские барабаны. Музыка может быть любой, отвечающей двум условиям: под нее удобно трястись и она вам нравится. Включите выбранную вами музыку и начните — нет, не танцевать — трястись! Энергичная тряска поможет высвободить отрицательную энергию, снять мышечные блоки, гармонизировать психическое и физическое состояние. Не случайно многие народные танцы содержат в себе элементы тряски. Тряску, как элемент, можно встретить и в танцевально-двигательной терапии, и в динамических медитациях.

Наилучшего результата можно достичь при выполнении тряски с закрытыми глазами — это ослабляет контроль сознания и позволяет лучше почувствовать потребности

тела. Важно отойти от стереотипных, привычных танцевальных движений — так как они неэффективны для решения проблемы хронического напряжения. Ищите новые движения, слушая подсказки своего тела. Задействуйте всё — руки, ноги, плечи, шею, голову, грудь, таз. Слушайте свое тело. Выбирайте приятную амплитуду от интенсивных размашистых движений до мелкой вибрации. И если в какой-то момент вам захочется покататься по полу или порычать — обязательно сделайте это. Лучше рычать под музыку в танце, чем без танца рычать на близких. Длительность упражнения 15–20 минут. Есть желание — можно дольше. Пятнадцатиминутная тряска для снятия напряжения более эффективна, чем часовая тренировка в спортзале или занятие в танцевальном классе, особенно если в танцах вы новичок. В этом простом упражнении отсутствуют социальная демонстративность и оценивание, отсутствует психологическое напряжение, вызванное желанием соответствовать и показать результат. Есть только вы и ваше тело в гармоничном контакте.

Найдите 20 минут для того, чтобы «вытрясти» из тела весь негатив и напряжение прошедшего дня. Пусть близкие в этот момент вас не беспокоят. А лучше пусть присоединяются. Им ведь тоже полезно избавляться от мышечного напряжения. Пока мои дети были маленькие, они с удовольствием поддерживали эту практику. Периодически мы включали музыку народов Крайнего Севера в современной обработке и вместе скакали по квартире. А когда Сашка был еще настолько мал, что не умел скакать, он просто смотрел на маму и ржал. От этого позитива в отдельно взятой квартире становилось еще больше.

У этой практики только один недостаток: не всегда есть подходящие условия для нее. Если напряжение вас накрыло в общественном месте или спящий ребенок требует соблюдать тишину, то можно попробовать обойтись без громкой музыки. Есть задача расслабиться. Расслабляя тело, расслабляемся эмоционально. Чтобы расслабить тело, как ни странно, нужно его еще сильнее напрячь. Можно напрягать все мышцы одновременно. Можно напрягать последовательно разные группы мышц. Можно локально выделить одну группу мышц, где в данный момент поселилось напряжение, и работать только с ней. Единственно важное условие — напрягать максимально интенсивно и достаточно длительно, 10 секунд как минимум. Максимум — сколько сможете выдержать.

Как это работает. Есть мышца, в которой поселилось напряжение. Не такое сильное, чтобы моментально вас утомить, но все же доставляющее дискомфорт. Это состояние длится и длится. Оно называется «хроническое напряжение». Выполняя упражнение, вы усиливаете напряжение в этой мышце, доводите его до максимума. В какой-то момент мышца говорит: «Я так больше не могу!» — и расслабляется. А вы чувствуете, как радость облегчения растекается приятным теплом и легким покалыванием по ранее напряженной зоне.

Если это упражнение регулярно практиковать, тело научится само сканировать напряжение и само его снимать.

В момент вспышки агрессии, когда отчаянно захочется кого-нибудь стукнуть или придавить гневной речью, напрягите кулаки, мышцы плеча и предплечья. Можно подключить мышцы груди, шеи, лица. Максимально сильно напрягите и удерживайте напряжение двадцать секунд. Резко расслабьтесь. Почувствуйте свое тело. Рвать и метать после такого уже не хочется.

> Для профилактики плохого настроения и повышения жизнестойкости очень полезны обнимания.

«Выдыхай» — такой распространенный полушутливый совет имеет под собой теоретическое обоснование с точки зрения телесно-ориентированной терапии. В момент сильной эмоции тело может замереть, напрячься, дыхание временно перехватывает, а при отсутствии дыхания напряжение еще больше нарастает. Если привести в порядок дыхание, то эмоциональное состояние тоже придет в порядок.

Попробуйте «выдохнуть» эмоциональное напряжение. В момент, когда вас охватывает негативная эмоция, дайте ей название. Представьте, как она выглядит. Это может быть сгусток энергии или облако. Какого цвета ваша эмоция? Какой формы? В какой части тела она расположилась? Сделайте несколько протяжных выдохов, представляя, как вместе с выдохом эмоция покидает ваше тело.

Для профилактики плохого настроения и повышения жизнестойкости очень полезны обнимания. Об этом еще Вирджиния Сатир говорила, известный семейный психотерапевт. Она даже конкретные цифры приводила. Нам нужно четыре объятия в день для выживания, восемь объятий в день для поддержания здоровья и хорошего самочувствия и двенадцать объятий в день для личностного роста и подпитывания чувства собственного достоинства.

У меня нет оснований ей не верить. Можно, конечно, найти научное объяснение этому факту. Что-то там про рецепторы, импульсы, эндорфины… Но я ей верю и без научных обоснований. Более того, физически ощущаю эту потребность, особенно когда устала, болею или случаются неприятности. Четыре объятия в день — минимум, ниже которого опускаться опасно для жизни. Обязательно — как чистка зубов — объятия после пробуждения, объятия перед выходом из дома, объятия при возвращении домой, объятия перед сном.

Обнимайтесь чаще.
Будьте счастливы!

ЗАКЛЮЧЕНИЕ.
ПЕРЕМЕНАМ НУЖНО ВРЕМЯ

Переменам нужно время. Для изменения привычного эмоционального реагирования недостаточно просто прочитать книгу. Даже десяток книг просто прочитать — недостаточно. Ведь нужно сформировать новые поведенческие привычки, а для этого нужна длительная практика.

Не расстраивайтесь и не грызите себя по причине «опять сорвалась». Откажитесь от посыла «кардинально измениться за три дня». Потому что это нереально. Направляйте свое внимание на маленькие победы, замечайте их, радуйтесь им. Сумели изменить ход своих мыслей и не сорваться в крик в ситуации, когда раньше однозначно дали бы волю гневу, — похвалите себя. Это уже лучше, чем вчера. А завтра будет еще лучше. Мы развиваем то, на что направляем свое внимание. Длительная регулярная практика внимательности сделает свое дело.

Не обещайте себе «больше никогда не злиться, не обижаться, не завидовать». Будем реалистами. Однажды все равно появится повод для злости или обиды. Но вы можете работать над своим восприятием так, чтобы поводов появлялось все меньше и меньше. Если, рассмотрев ситуацию с позиции другого человека, вы сможете спокойно принять некий факт, на который раньше непременно обиделись бы, — похвалите себя.

Успех не в том, чтобы перестать злиться или печалиться, а в том, чтобы делать это реже, менее интенсивно, менее продолжительно. Если раньше в гневе вы бушевали минут пятнадцать, а сейчас только рыкнули, поймали себя в моменте, выполнили практику «напряжение — расслабление» и сразу выдохнули, — похвалите себя.

Переменам нужно время.

Не стремитесь со всем усердием использовать предложенные в книге приемы — вот так, чтобы с места в карьер. Это может привести к напряжению, утомлению. Захочется все бросить и обесценить. Стрессовых марш-бросков не нужно. Пусть будет неспешная приятная прогулка.

Если пока ваших сил хватает только на поиск приятных для глаз картин и пейзажей, на поиск того, что радует слух и обоняние, то этим и занимайтесь, оттачивая свои навыки до способности в любой момент ухватиться за приятные ощущения. Уже будет определенный результат.

В первую неделю можете просто наблюдать за своими чувствами.

Спрашивайте себя: «Что я сейчас чувствую?»

Старайтесь понять истинную причину своего раздражения.

Говорите близким о своих чувствах.

Помните про феномен эмоционального заражения. Вовремя напоминайте себе, что другой человек имеет право на свои эмоции, но вам не обязательно за ними следовать.

Выполняйте телесные практики для сбрасывания напряжения. Пусть это станет еще одной полезной привычкой, такой же регулярной, как чистка зубов.

Вторую неделю посвятите своим ожиданиям и убеждениям.

Может быть, пришло время пересмотреть ожидания и стать более гибкой в оценке внешних событий?

Может быть, стоит поменять некоторые убеждения, которые перестали соответствовать реальности?

Откажитесь от стремления к идеальности. Пусть ориентиром будет «достаточно хорошо».

Разрешите себе и другим ошибаться без погружения в чувство вины. Каждый человек может совершить ошибку. Не нужно вины — достаточно ответственности. Ответственность — это про действия. Это ответ на вопрос:

«Что я могу сделать? Как я могу исправить ошибку?» Вина — неприятное чувство, забирающее энергию, мешающее рационально мыслить и активно действовать.

На третьей неделе тренируйтесь смотреть на любой факт как на нейтральный. Рассматривать ситуацию глазами другого человека, с другой позиции, с «другого стула». В споре, в конфликте, при столкновении интересов старайтесь выяснять истинные потребности другого человека. Следите за формулировками своих высказываний. Чаще используйте Я-сообщения. И, конечно, избегайте обобщений.

Четвертую неделю посвятите своему дому. Сделайте его местом силы. Посмотрите по сторонам, задерживаясь взглядом на каждом предмете, спрашивая себя: «Этот предмет дает мне энергию или забирает?» Уберите лишнее. Окружите себя вещами, которые радуют.

Пятая неделя пусть станет неделей приобретения полезной привычки «любить себя». Это значит — делайте для себя то, что вы делаете для людей, которых любите. Расскажите близким, как вас надо любить, что для вас значимо, чего вам хочется. Может быть, они искренне желают сделать вам хорошо, но просто не знают как.

Находите удовольствие в каждом дне. Находите ресурсы в будущем, в прошлом. Заботьтесь о своем здоровье. Заведите себе привычку планировать отдых. Планируйте отдых в течение дня, отдых в конце рабочей недели, регулярный отпуск.

Берегите себя. Помните, что у вас есть право отказа. Необязательно соглашаться на общение, если оно не приносит радости. Замените все «надо» на «хочу».

Шестая неделя. Неделя юмора. Попробуйте во всем видеть смешное. Играйте в игру «Ну и что, а зато...» Смотрите добрые семейные комедии. Читайте тематические подборки анекдотов. Шутите сами. Снимайте смешное фото или видео о проделках ваших детей. Можно даже начать вести дневник, куда с юмором записывать приключения минувшего дня. Детей сложно выдерживать, постоянно оставаясь серьезным. Юмор спасает и родителей, и детей. Яркий родительский талант проявляется в умении рассмешить ребенка. То, что становится смешным, перестает быть страшным. Если смешно, то уже не обидно.

Седьмая неделя. Хотя бы иногда позволяйте себе замедлиться. Никуда не торопиться. Никуда не торопить, не тянуть своего ребенка. Наблюдать за ним, любоваться, открывать новые грани формирующейся личности.

Придумывайте для своего ребенка успокаивающие ритуалы и поддерживающие жесты. Каким жестом, незаметным для окружающих, вы можете дать ребенку понять, что вы на его стороне? Что вы им гордитесь? Что вы его любите?

Постарайтесь минимизировать критику. Критика не делает общение лучше. Следите, чтобы позитивных коммуникаций в вашем общении было больше, чем негативных. За поступками ребенка старайтесь разглядеть позитивное намерение.

Порядок недель примерный. Вы можете их переставить по своему усмотрению. Перетасовать упражнения по неделям, ориентируясь на свои ощущения: что лучше для вас, что вам больше подходит, что для вас важнее.

После седьмой недели можно снова вернуться к первой и пройти упражнения по второму кругу, закрепляя результат. Можно даже заметить, что их выполнение дается гораздо легче. Что многое уже усвоено и повлекло за собой приятные жизненные изменения. Порадоваться происходящей динамике. Похвалить себя.

Считаю важным напомнить: все изменения должны начинаться с любви к себе. Безусловной любви. «Люблю себя любую» Из этого состояния гораздо легче меняться, становиться еще лучше. Себя нужно хвалить и поддерживать, как бы делал это любящий родитель. Не критиковать за промахи, не винить за ошибки. В момент отчаяния, если такой наступит и будет казаться, что ничего не получается, скажите себе: «Все в порядке. Пока так. Просто нужно чуть больше времени».

Как говорится, дорогу осилит идущий.

Серия #ЛениваяМама

Статья «Почему я ленивая мама», напечатанная несколько лет назад, до сих пор кочует по Интернету. Она обошла все популярные родительские форумы и сообщества. Вызвала бурю споров и обсуждений. Оказывается, очень многих сегодня волнует тема самостоятельности детей, проблема инфантильности молодого поколения. Детский и семейный психолог Анна Быкова предлагает свой взгляд на этот вопрос. Для того чтобы ваш ребенок стал самостоятельным, тоже нужны условия. Ведь если всегда подсказывать, помогать и советовать, он так и не научится ничего делать сам. Поэтому просто необходимо периодически включать «ленивую маму», осознавая, что это делается в интересах ребенка.

Серия #ЛениваяМама

В этой книге Анна Быкова — педагог, психолог и автор бестселлера *Самостоятельный ребенок, или Как стать «ленивой мамой»* предлагает свой взгляд на проблему развития детей. Многие родители беспокоятся: «Достаточно ли я вкладываюсь в своего ребенка? Не опоздал ли в чем-то?» Между тем каждая наша прогулка, каждый момент общения с детьми может стать для них источником невероятных открытий, а обычное пластмассовое ведерко и совок станут суперразвивающими в руках у взрослого, который с их помощью продемонстрирует ребенку самые необыкновенные опыты.

Из этой книги вы узнаете:
- ✔ *Откуда берутся умные дети*
- ✔ *Как помочь малышу заговорить*
- ✔ *Почему после трех совсем не поздно*
- ✔ *Зачем учить ребенка рисовать*
- ✔ *Может ли рассказ про одуванчик заложить основы системного мышления*

Серия #ЛениваяМама

«Кляксотерапия» — это развивающие тетради, состоящие из цветных пятен. Их разработала педагог, психолог и автор бестселлера «Самостоятельный ребенок, или Как стать «ленивой мамой» Анна Быкова. Они предназначены для вашего совместного творчества с детьми.

Попробуйте вместе с ребенком превратить любое пятно, случайную кляксу или капельку краски в солнышко, цыпленка или птицу. Вы можете подсказывать детям какие-то образы, задавать им вопросы или полностью довериться полету фантазии сына или дочки. При помощи этой игры ваш ребенок поймет, что случайное пятно или «ляп» не портит его рисунки, а наоборот, становится началом и основой красивой картинки. Эти тетради научат вашего ребенка творить, не бояться ошибок, любить рисование и подарят массу положительных эмоций.

Все права защищены. Книга или любая ее часть не может быть скопирована, воспроизведена в электронной или механической форме, в виде фотокопии, записи в память ЭВМ, репродукции или каким-либо иным способом, а также использована в любой информационной системе без получения разрешения от издателя. Копирование, воспроизведение и иное использование книги или ее части без согласия издателя является незаконным и влечет уголовную, административную и гражданскую ответственность.

Издание для досуга

ЛЕНИВАЯ МАМА

Анна Быкова

СЕКРЕТЫ СПОКОЙСТВИЯ «ЛЕНИВОЙ МАМЫ»

Главный редактор *Р. Фасхутдинов*. Руководитель направления *Л. Ошеверова*
Ответственный редактор *Е. Олейник*. Редактор *Т. Варламова*
Художественный редактор *Е. Гузнякова*. Технический редактор *М. Печковская*
Компьютерная верстка *А. Москаленко*. Корректор *Н. Арацкая*

ООО «Издательство «Эксмо».
123308, Москва, ул. Зорге, д. 1. Тел.: 8 (495) 411-68-86.
Home page: www.eksmo.ru E-mail: info@eksmo.ru
Өндіруші: «ЭКСМО» АҚБ Баспасы, 123308, Мәскеу, Ресей, Зорге көшесі, 1 үй.
Тел.: 8 (495) 411-68-86.
Home page: www.eksmo.ru E-mail: info@eksmo.ru.
Тауар белгісі: «Эксмо»
Интернет-магазин : www.book24.ru
Интернет-дүкен : www.book24.kz
Импортёр в Республику Казахстан ТОО «РДЦ-Алматы».
Қазақстан Республикасындағы импорттаушы «РДЦ-Алматы» ЖШС.
Дистрибьютор и представитель по приему претензий на продукцию,
в Республике Казахстан: ТОО «РДЦ-Алматы»
Қазақстан Республикасында дистрибьютор және өнім бойынша арыз-талаптарды
қабылдаушының өкілі «РДЦ-Алматы» ЖШС,
Алматы к., Домбровский көш., 3«а», литер Б, офис 1.
Тел.: 8 (727) 251-59-90/91/92; E-mail: RDC-Almaty@eksmo.kz
Өнімнің жарамдылық мерзімі шектелмеген.
Сертификация туралы ақпарат сайтта: www.eksmo.ru/certification
Сведения о подтверждении соответствия издания согласно законодательству РФ
о техническом регулировании можно получить на сайте Издательства «Эксмо»
www.eksmo.ru/certification
Өндірген мемлекет: Ресей. Сертификация қарастырылмаған

Подписано в печать 02.11.2018. Формат 60x84 $^{1}/_{16}$.
Гарнитура «Myriad Pro». Печать офсетная. Усл. печ. л. 16,8.
Доп. тираж 5000 экз. Заказ 10657.

Отпечатано с готовых файлов заказчика
в АО «Первая Образцовая типография»,
филиал «УЛЬЯНОВСКИЙ ДОМ ПЕЧАТИ»
432980, г. Ульяновск, ул. Гончарова, 14

ISBN 978-5-699-99174-7

В электронном виде книги издательства вы можете купить на www.litres.ru

ЛитРес:
один клик до книг

Оптовая торговля книгами «Эксмо»:
ООО «ТД «Эксмо». 123308, г. Москва, ул.Зорге, д.1, многоканальный тел.: 411-50-74.
E-mail: reception@eksmo-sale.ru

По вопросам приобретения книг «Эксмо» зарубежными оптовыми покупателями обращаться в отдел зарубежных продаж ТД «Эксмо»
E-mail: international@eksmo-sale.ru

International Sales: International wholesale customers should contact Foreign Sales Department of Trading House «Eksmo» for their orders.
international@eksmo-sale.ru

По вопросам заказа книг корпоративным клиентам, в том числе в специальном оформлении, обращаться по тел.: +7 (495) 411-68-59, доб. 2261.
E-mail: ivanova.ey@eksmo.ru

Оптовая торговля бумажно-беловыми и канцелярскими товарами для школы и офиса «Канц-Эксмо»:
Компания «Канц-Эксмо»: 142702, Московская обл., Ленинский р-н, г. Видное-2, Белокаменное ш., д. 1, а/я 5. Тел./факс +7 (495) 745-28-87 (многоканальный).
e-mail: kanc@eksmo-sale.ru, сайт: www.kanc-eksmo.ru

В Санкт-Петербурге: в магазине «Парк Культуры и Чтения БУКВОЕД», Невский пр-т, д. 46.
Тел.: +7(812)601-0-601, www.bookvoed.ru

Полный ассортимент книг издательства «Эксмо» для оптовых покупателей:
Москва. ООО «Торговый Дом «Эксмо». Адрес: 123308, г. Москва,ул.Зорге, д.1.
Телефон: +7 (495) 411-50-74. E-mail: reception@eksmo.ru
Нижний Новгород. Филиал «Торгового Дома «Эксмо» в Нижнем Новгороде. Адрес: 603094,
г. Нижний Новгород, ул. Карпинского, д. 29, бизнес-парк «Грин Плаза».
Телефон: +7 (831) 216-15-91 (92, 93, 94). E-mail: reception@eksmonn.ru
Санкт-Петербург. ООО «СЗКО». Адрес: 192029, г. Санкт-Петербург, пр. Обуховской Обороны,
д. 84, лит. «Е». Телефон: +7 (812) 365-46-03 / 04. E-mail: server@szko.ru
Екатеринбург. Филиал ООО «Издательство Эксмо» в г. Екатеринбурге. Адрес: 620024,
г. Екатеринбург, ул. Новинская, д. 2ц. Телефон: +7 (343) 272-72-01 (02/03/04/05/06/08).
E-mail: petrova.ea@ekat.eksmo.ru
Самара. Филиал ООО «Издательство «Эксмо» в г. Самаре.
Адрес: 443052, г. Самара, пр-т Кирова, д. 75/1, лит. «Е».
Телефон: +7(846)207-55-50. E-mail: RDC-samara@mail.ru
Ростов-на-Дону. Филиал ООО «Издательство «Эксмо» в г. Ростове-на-Дону. Адрес: 344023,
г. Ростов-на-Дону, ул. Страны Советов, д. 44 А. Телефон: +7(863) 303-62-10. E-mail: info@rnd.eksmo.ru
Центр оптово-розничных продаж Cash&Carry в г. Ростове-на-Дону. Адрес: 344023,
г. Ростов-на-Дону, ул. Страны Советов, д. 44 В. Телефон: (863) 303-62-10.
Режим работы: с 9-00 до 19-00. E-mail: rostov.mag@rnd.eksmo.ru
Новосибирск. Филиал ООО «Издательство «Эксмо» в г. Новосибирске. Адрес: 630015,
г. Новосибирск, Комбинатский пер., д. 3. Телефон: +7(383) 289-91-42. E-mail: eksmo-nsk@yandex.ru
Хабаровск. Обособленное подразделение в г. Хабаровске. Адрес: 680000, г. Хабаровск,
пер. Дзержинского, д. 24, литера Б, офис 1. Телефон: +7(4212) 910-120. E-mail: eksmo-khv@mail.ru
Тюмень. Филиал ООО «Издательство «Эксмо» в г. Тюмени.
Центр оптово-розничных продаж Cash&Carry в г. Тюмени.
Адрес: 625022, г. Тюмень, ул. Алебашевская, д. 9А (ТЦ Перестройка+).
Телефон: +7 (3452) 21-53-96/ 97/ 98. E-mail: eksmo-tumen@mail.ru
Краснодар. ООО «Издательство «Эксмо» Обособленное подразделение в г. Краснодаре
Центр оптово-розничных продаж Cash&Carry в г. Краснодаре
Адрес: 350018, г. Краснодар, ул. Сормовская, д. 7, лит. «Г». Телефон: (861) 234-43-01(02).
Республика Беларусь. ООО «ЭКСМО АСТ Си энд Си». Центр оптово-розничных продаж
Cash&Carry в г.Минске. Адрес: 220014, Республика Беларусь, г. Минск,
пр-т Жукова, д. 44, пом. 1-17, ТЦ «Outleto». Телефон: +375 17 251-40-23; +375 44 581-81-92.
Режим работы: с 10-00 до 22-00. E-mail: exmoast@yandex.by
Казахстан. РДЦ Алматы. Адрес: 050039, г. Алматы, ул. Домбровского, д. 3 «А».
Телефон: +7 (727) 251-59-90 (91,92). E-mail: RDC-Almaty@eksmo.kz
Интернет-магазин: www.book24.kz
Украина. ООО «Форс Украина». Адрес: 04073 г. Киев, ул. Вербовая, д. 17а.
Телефон: +38 (044) 290-99-44. E-mail: sales@forsukraine.com

Полный ассортимент продукции Издательства «Эксмо» можно приобрести в книжных магазинах «Читай-город» и заказать в интернет-магазине www.chitai-gorod.ru.
Телефон единой справочной службы 8 (800) 444 8 444. Звонок по России бесплатный.

Интернет-магазин ООО «Издательство «Эксмо»
www.book24.ru
Розничная продажа книг с доставкой по всему миру.
Тел.: +7 (495) 745-89-14. E-mail: imarket@eksmo-sale.ru

EKSMO.RU
новинки издательства